助力乡村振兴
出版计划

【现代农业科技与管理系列】

农产品质量
安全与检测

主　编	方庆奎		
副主编	廖　敏	肖金京	唐秀军
编写人员	张　瑞	戚传勇	段劲生
	张友华	张　君	张　成
	史陶中	薛佳莹	张召贤
	李红芳	吴延灿	宋祥军
	郭志慧	张林炜	郑　康
	钱　磊	闫子璇	周雨倩
	高　全	蒋兴川	

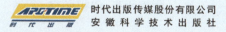
时代出版传媒股份有限公司
安徽科学技术出版社

图书在版编目(CIP)数据

农产品质量安全与检测 / 方庆奎主编. --合肥:安徽
科学技术出版社,2023.12
助力乡村振兴出版计划. 现代农业科技与管理系列
ISBN 978-7-5337-8816-2

Ⅰ.①农… Ⅱ.①方… Ⅲ.①农产品-质量管理-安
全管理-中国②农产品-质量检验-中国 Ⅳ.①F326.5
②S37

中国国家版本馆 CIP 数据核字(2023)第 179807 号

农产品质量安全与检测　　　　　　　　　　　　　　　主编　方庆奎

出 版 人:王筱文　选题策划:丁凌云　蒋贤骏　余登兵　责任编辑:左　慧
责任校对:张　枫　责任印制:廖小青　　　　　　　　装帧设计:王　艳
出版发行:安徽科学技术出版社　　　http://www.ahstp.net
　　　　　(合肥市政务文化新区翡翠路 1118 号出版传媒广场,邮编:230071)
　　　　　电话:(0551)63533330
印　　制:安徽联众印刷有限公司　　电话:(0551)65661327
(如发现印装质量问题,影响阅读,请与印刷厂商联系调换)

开本:720×1010　1/16　　　印张:10.25　　　　字数:148 千
版次:2023 年 12 月第 1 版　　印次:2023 年 12 月第 1 次印刷

ISBN 978-7-5337-8816-2　　　　　　　　　　　定价:43.00 元

"助力乡村振兴出版计划"编委会

主 任

查结联

副主任

陈爱军　罗　平　卢仕仁　许光友
徐义流　夏　涛　马占文　吴文胜
董　磊

委 员

胡忠明　李泽福　马传喜　李　红
操海群　莫国富　郭志学　李升和
郑　可　张克文　朱寒冬　王圣东
刘　凯

【现代农业科技与管理系列】

(本系列主要由安徽农业大学组织编写)

总主编: 操海群
副总主编: 武立权　黄正来

出版说明

"助力乡村振兴出版计划"(以下简称"本计划")以习近平新时代中国特色社会主义思想为指导,是在全国脱贫攻坚目标任务完成并向全面推进乡村振兴转进的重要历史时刻,由中共安徽省委宣传部主持实施的一项重点出版项目。

本计划以服务乡村振兴事业为出版定位,围绕乡村产业振兴、人才振兴、文化振兴、生态振兴和组织振兴展开,由《现代种植业实用技术》《现代养殖业实用技术》《新型农民职业技能提升》《现代农业科技与管理》《现代乡村社会治理》五个子系列组成,主要内容涵盖特色养殖业和疾病防控技术、特色种植业及病虫害绿色防控技术、集体经济发展、休闲农业和乡村旅游融合发展、新型农业经营主体培育、农村环境生态化治理、农村基层党建等。选题组织力求满足乡村振兴实务需求,编写内容努力做到通俗易懂。

本计划的呈现形式是以图书为主的融媒体出版物。图书的主要读者对象是新型农民、县乡村基层干部、"三农"工作者。为扩大传播面、提高传播效率,与图书出版同步,配套制作了部分精品音视频,在每册图书封底放置二维码,供扫码使用,以适应广大农民朋友的移动阅读需求。

本计划的编写和出版,代表了当前农业科研成果转化和普及的新进展,凝聚了乡村社会治理研究者和实务者的集体智慧,在此谨向有关单位和个人致以衷心的感谢!

虽然我们始终秉持高水平策划、高质量编写的精品出版理念,但因水平所限书中仍会有诸多不足和错漏之处,敬请广大读者提出宝贵意见和建议,以便修订再版时改正。

本册编写说明

农产品质量安全关系人民群众身体健康和生命安全，关系农业农村高质量发展。确保农产品质量安全是事关人民生活、社会稳定的大事。做好新时代农产品质量安全工作，就要在确保农产品数量的基础上，以更大力度抓好农产品质量安全，让人民群众吃得安全、放心。

当前，我国正从传统农业向现代农业快速转变，呈现出消费需求加快升级、农业生产规模化程度提高、绿色发展备受重视、农产品国际贸易竞争加剧等新的深刻变化。然而，面对新的形势，农产品安全管理方面仍然存在诸多问题，如生态环境不断恶化、农业投入品不合理使用、相关制度建设不够健全、监管手段有待进一步提高等。完善农产品质量安全体系，提高农产品质量安全水平，确保人民群众"舌尖上的安全"，需要"从田间到餐桌"多个环节的共同努力，这也是农业工作者义不容辞的职责。

本书以农产品质量安全基本知识和检测技术为主线，介绍了农产品质量安全基本理论、品牌认证、安全生产技术、主要危害因子、检测检验技术和农产品质量安全管理等方面的内容，力求较为全面地介绍农产品质量安全相关知识，具有较强的实用性、操作性和指导性，希望能对广大农产品生产者和监管者有所助益，进而提升农产品质量安全水平，推动农业高质量发展，助力区域乡村振兴。

本书在编写过程中，参考了部分文献资料，在此向有关作者一并致谢。

目　录

第一章　农产品质量安全概述

　　"民以食为天，食以安为先。"食品安全是新时期国家"健康中国"战略的重要组成部分。习近平总书记指出："确保农产品质量安全是事关人民生活、社会稳定的大事。要在抓好农产品数量安全的基础上，以更大力度抓好农产品质量安全，让人民群众吃得安全放心。"农产品质量安全是农业高质量发展的基础保障，提升农产品质量安全水平是农业高质量发展的应有之义、必由之路，是全面推进乡村振兴的重要支撑，是农业农村现代化的关键环节。农产品质量安全直接关系人民群众身体健康和生命安全，怎么样让老百姓吃得安全放心、对农产品质量安全有信心，是民生领域也是三农工作需要解决的一大重要、紧迫和现实的问题。随着社会经济发展和生活水平提高，人民群众消费由"吃得饱"向"吃得好""吃得安全健康"转变，国家把农产品质量安全工作摆到了更加突出的位置。

▶ 第一节　农产品质量安全基本内容

一 农产品和绿色优质农产品

　　《中华人民共和国农产品质量安全法》（以下简称《农产品质量安全法》）中规定，农产品是指来源于种植业、林业、畜牧业和渔业等的初级产品，即在农业活动中获得的植物、动物、微生物及其产品。其中，"农业活动"既包括传统的种植、养殖、采摘、捕捞等农业活动，也包括设施农业、

生物工程等现代农业活动。"植物、动物、微生物及其产品",是指在农业活动中直接获得的及经过分拣、去皮、剥壳、粉碎、清洗、切割、冷冻、打蜡、分级、包装等加工,但未改变其基本自然状态和化学性质的产品。

绿色优质农产品是指质量优良的农产品,即不仅质量达到农产品质量安全标准,符合保障人的健康、安全的要求,而且在外观、营养、口感、风味等方面也能得到消费者青睐的产品。从现实中的农产品生产、消费来看,绿色优质农产品主要是指按照特定生产方式生产,经专门机构认定、许可使用特定食品标志的,无污染的安全、优质、富于营养的农产品。

二 农产品质量安全

农产品质量安全是指农产品质量达到农产品质量安全标准,符合保障人的健康、安全的要求。农产品质量安全要求作为直接食用的农产品或者以食用农产品为原料生产出来的加工制成品,要保证其在适宜的环境下生产、加工、储存和销售,减少其在各个阶段所受到的各种危害因子的污染,以保障消费者的人体健康。因此,农产品质量安全的内容极其丰富,主要包括 8 个方面。

(一)产品质量安全

消费者食用的农产品或经过较深层次加工的食品,符合农产品质量安全相关层次(绿色、有机、地理标志、达标合格农产品)的产品质量标准,农兽药残留、生物毒素、重金属等危害因子符合国家标准。

(二)生产环境安全

农产品生产基地的土壤、空气和水,符合相关层次的产地环境质量标准,而且农产品生产过程不会对产地环境造成破坏,能够确保农产品产地环境质量符合要求。

(三)农业投入品安全

农产品生产过程中的化肥和农药等农业投入品,需要符合我国农产品质量安全中心和绿色食品发展中心制定的一系列标准。农产品质量安全生产中的投入品,必须符合各层次的质量安全农产品的使用准则要求,从而确保农业投入品的安全。

(四)生产过程安全

绿色优质农产品生产过程是以农业措施为基础,执行一整套相关农产品质量安全生产技术规范、操作规程的过程。它通过执行相关生产技术标准,指导农产品生产者进行规范的生产和加工活动,从而确保生产过程中生产者、产地环境和农产品的安全。

(五)包装安全

安全的农产品包装具有保护农产品、保护环境和资源再生三方面的特征。包装安全标准要求从原料的采集,包装产品的设计、制造,到废弃物回收、再生及最终处理,整个过程都不能对农产品质量、人体健康和环境安全产生影响,并且包装要轻量化,节约资源和能源,从而确保农产品包装安全。

(六)运输、贮藏安全

农产品的运输、贮藏必须严格执行相应层次的技术规范和标准,合理使用保鲜技术、冷链物流技术,改善贮运基础设施环境以保证运输、贮藏过程中农产品和环境不受污染和危害。

(七)销售安全

通过建设和完善各种形式的农产品专卖店和专柜,建立相应的物流中心,形成从批发到零售的安全流通网络体系,确保销售安全。

(八)全程质量控制

在农产品生产、包装、贮藏、运输、销售的全过程中保障农产品质量安全,执行农产品质量安全系列标准,实现农产品产前、产中和产后的标准化和全程质量监控,从而确保农产品质量安全。

▶ 第二节　农产品质量安全现状及影响因素

　　当前,农产品质量安全问题已经成为影响农业和食品竞争力的关键因素,并在某种程度上约束了我国农业、农村经济产品结构和产业结构的战略性调整。能否拥有更多的安全优质农产品,是我国居民家庭生活质量能否提高的一个重要标志,也是经济增长方式能否实现转变的一个重要因素。

一　农产品质量安全现状

(一)农产品质量安全监管工作成效显著

1.农产品质量安全保障体系逐步完善

　　党的十八大以来,我国制定了一系列农兽药残留标准、农业国家标准和行业标准,制定、修订《农产品质量安全法》《农产品质量安全监测管理办法》《农产品产地安全管理办法》等多项法律法规、部门规章和一系列规范性文件。全国绝大部分地区建立了农产品质量安全监管机构,国家农产品质量安全监管在省、市、县三个层面成效显著。全国构建了以部级检测机构为龙头、省级检测机构为骨干、市县级检测机构为基础的农产品质量安全检验检测体系。监测网络基本覆盖了全国主要大中城市和农产品产区、城乡居民主要消费品种。此外,2019 年 12 月,农业农村部印发《全国试行食用农产品合格证制度实施方案》,承诺达标合格证(以下简称"合格证")制度试行以来,全国各地的农产品批发市场、农产品交易市场和超市随处可见合格证的身影。截至 2021 年底,全国 2 806 个涉农县均开展试行工作,试行范围内 65% 的新型农业经营主体常态化开具合格证。农业农村部数据显示,2020 年上半年,部、省两级均组织开展了带证农产品抽样检测,合格率达到 99%。

2.农产品源头污染得到初步遏制

我国持续严厉打击禁用、限用药物违法使用行为,有关部门持续加强对高毒、高风险农药的管理。近年来,我国对 50 种农药采取了禁用措施。农药产品结构不断优化,促进农业生产方式不断转型升级。2021 年,农业农村部、国家市场监督监管总局、公安部等七部门部署启动食用农产品"治违禁　控药残　促提升"三年行动,行动瞄准豇豆、韭菜、芹菜、鸡蛋、乌鸡、肉牛、肉羊、大口黑鲈、乌鳢、鳊鱼、大黄鱼等 11 个重点品种,采取"一个问题品种、一张整治清单、一套攻坚方案、一批管控措施"的方案,实行精准治理。聚焦重点品种,采取精准治理模式,控源头、抓生产、盯上市、强执法、建制度,加快解决禁用、限用药物违法使用,常规农兽药残留超标等问题。通过各类专项整治活动,针对农产品安全薄弱环节、突出问题,监管部门始终坚持重拳出击、严惩重处。十年来,全国各地农业农村部门共出动监管执法人员约 3 126.3 万人(次),检查生产主体(基地)约 1 883.4 万家(次),专项整治行动在全国范围内深入开展,食品安全违法犯罪行为得到有效遏制。

3.绿色食品理念逐步深入人心

党的十八大以来,伴随着现代农业全产业链标准化工程持续推进,以绿色、有机、地理标志农产品为代表的高品质农产品供应持续增长,"看得见、吃得着"的新变化正不断出现在餐桌上。截至目前,全国共建设果菜茶标准化示范园、畜禽养殖标准化示范场、水产健康养殖示范场约 2 万个,为保障农产品质量安全和产业健康发展提供有力支撑。截至 2021 年底,全国绿色、有机、地理标志农产品获证单位超过 2.8 万家,产品总数近 6 万个,每年向社会提供优质农产品总量超过 2 亿吨。2018—2022 年,"春风万里绿食有你"绿色食品宣传月活动连续 5 年在全国各地陆续开展;2021 年,"地标农品中国行"活动在宁夏等地相继启动。主管部门、地方政府、主流媒体、电商平台等社会各界踊跃参与,凸显了绿色食品、地理标志农产品在当下三农工作中的重要作用,活动直播间里的十几万观众更引起了社交平台对高品质农产品的关注,"绿色生产、绿色消费、绿

色发展"理念不断深入人心。

4.农产品质量安全例行监测工作逐步展开

2001—2003年,农业部选择在北京、天津、上海、深圳和寿光5个城市,开展蔬菜和水果农药残留检测。2004—2008年,我国进一步扩大监测范围,蔬菜和水果监测覆盖37个城市,对13种农药残留进行监测。2009年,我国进一步扩大监测范围,蔬菜、水果、茶叶监测覆盖89个大中型城市,对58项农药残留进行监测;畜产品监测范围扩大到88个城市,对18项兽药残留进行监测;水产品监测范围扩大到84个城市,对18项兽药残留进行监测。相关统计数据表明,2001—2019年期间,例行监测参数由13项增加至130项,获得9倍增长。截至2022年10月,监测范围已覆盖31个省区市、300多个大中型城市,约110种农产品,共监测130种农兽药残留和非法添加物参数。2022年,农业农村部组织开展了2次国家农产品质量安全例行监测工作。结果显示2022年农产品例行监测合格率为97.6%。

5.质量追溯工作开始启动

目前,国家农产品质量安全追溯管理信息平台已经全面推广运行,部、省级追溯平台初步实现有效对接,全国实现信息化追溯管理的农产品生产经营主体突破100万,其中规模主体占全国新型农业生产经营主体的10%左右。监测数据显示,2020年南京市江宁区农产品化肥使用量较5年前减少15%,农药使用量下降17.5%。河北、海南、广西等省区主动对"三菜一蛋"等重点监测农产品开展全程追溯试点;在广东深圳、江苏宿迁,农产品追溯信息已经进入当地机关、校园食堂;天津、安徽、湖北、四川等地依托追溯平台,广泛开展网上巡查检查,例行监测次数持续增长。

(二)农产品质量安全问题仍然存在

党的十八大以来,我国农产品质量安全工作体系更加完善、框架更加完备、制度更加成熟,但从总体上讲,由于生态环境不断恶化、农业投入品不合理使用、相关制度建设不够健全、监管手段需要进一步提高等原因造成的农产品质量安全问题仍然在一定范围内存在。

近年来,农业农村部陆续发布农产品质量监管执法信息,2018—2022年发布的质量安全执法监督 38 项案例中有使用禁用、限用农兽药添加剂案 28 项,违法使用瘦肉精案 3 项,待宰肉注水案 2 项,销售死因不明肉案 2 项,未经定点从事生猪屠宰案 2 项,活牛未经检疫且注水、注入其他物质案 1 项。

二 农产品质量安全影响因素

食用农产品主要来源于动物、植物和微生物(包括食用菌),受各种危害因子污染的方式、来源及途径是多方面的,例如在生产、加工、运输、贮藏、销售、烹饪等各个环节均可能出现污染。目前,影响我国农产品质量安全的危害因子主要涉及农兽药残留超标、重金属污染、硝酸盐类污染、环境激素类化合物污染、病原微生物和生物毒素污染等方面。总的来讲,危害农产品质量安全的因素主要有 3 个方面:

(一)物理性污染

物理性污染是指由物理性因素引起,农产品在收获或加工操作过程中混入有毒、有害杂质,导致其受到的污染,如农产品因受辐射导致放射性污染等。

(二)化学性污染

化学性污染是指由化学肥料、化学农兽药、食品添加剂和工业废弃物造成的污染。造成化学性污染的原因有以下几种:一是不合理地使用农业投入品,如使用禁用农药,过量、过频使用农兽药;二是使用不符合卫生要求的食品添加剂,过量或者违法使用食品添加剂;三是产地环境不符合相关标准要求,如土壤中重金属污染。

(三)生物性污染

农产品生长在不可控的土壤、水域等环境中,在采摘(收获)、包装、运输、贮存和销售等环节频繁地接触人群、空气、水等外界环境因素,因此,很难不受到微生物的污染,如致病微生物和真菌毒素等。未经严格安

全性评估的转基因农产品,可能存在风险隐患,也属于生物性污染。

▶ 第三节　农产品质量安全工作的目标和任务

2021年4月,农业农村部发布"十四五"期间我国农产品质量安全工作的目标和任务。强调农产品质量安全工作的主线是"强监管保安全,提品质增效益"。要继续深入贯彻落实习近平总书记"四个最严""产出来""管出来"等重要指示要求,坚持围绕"国之大者"抓主抓重、围绕中央部署落细落小,坚持系统观念,统筹产业发展和质量安全。

农业农村部提出,当前农产品质量安全的工作目标是,到"十四五"时期末,主要农产品监测合格率要稳定在98%以上。农兽药残留标准达到1.3万项,以安全、绿色、优质、营养为梯次的高质量发展标准体系基本形成,绿色、有机、地理标志等农产品认证登记数量稳步增长,达标合格证制度在新型农业经营主体基本实现全覆盖。智慧化监管网络初步构建,农产品追溯体系稳步推进,以信用为基础的新型监管机制建立健全。生产经营者责任意识、诚信意识和质量安全管理水平明显提高,人民群众的获得感、幸福感、安全感显著增强。要实现这些目标,需要把握好以下5个方面。

一　守住农产品质量安全底线

坚持预防为主、全程防控,牢牢守住农产品质量安全底线。当前,农产品质量安全风险隐患依然存在,个别生产经营者违规使用禁用药物,不遵守安全用药间隔期、休药期的行为时有发生,重金属、病原微生物、生物毒素等问题越来越受到关注。"十四五"时期,禁用药物使用问题迫切需要解决,同时我们要密切关注产地环境污染、生物源危害及其他潜在污染物问题,坚决防范区域性、系统性、链条式问题,最大限度地消除风险隐患。

二 增加绿色优质农产品供给

要强化标准引领,坚持保数量、保多样、保质量,增加绿色优质农产品供给。近年来,我国加大了农产品认证力度,绿色、有机、地理标志农产品有 5 万多个,但占上市农产品总量的比重还比较低。"十四五"时期,围绕高质量保供,统筹推进两个"三品一标",生产方式上要大力推进品种培优、品质提升、品牌打造和标准化生产,产品上要大力发展绿色、有机、地理标志农产品,推行食用农产品达标合格证制度。

三 健全监管制度机制

要进一步发挥食品安全工作评议考核、质量工作考核及延伸绩效考核作用,压实"三个责任",健全监管制度机制。近年来我国在完善监管制度方面下了很大功夫,对属地责任和监管责任抓得比较紧、压得比较实,对规模主体也提了很多要求,但是对个体农户的监管还是薄弱环节。我国农业进入新发展阶段,必须实现主体全覆盖、监管无死角,所以要想方设法压实小农户的生产主体责任。"十四五"时期,我国以修订《农产品质量安全法》为契机,将小农户、家庭农场纳入监管范围,全面推行合格证制度、追溯管理和信用监管,扎牢制度的"笼子"。

四 实现监管方式手段创新

运用新理念、新技术,实现监管方式手段创新。基层监管人员任务重,监管手段还比较落后,生产记录全靠手、巡查检查全靠走、隐患排查全靠瞅,传统人盯人的监管方式已经远不能适应现代农业的生产需求。"十四五"时期,我国运用现代信息技术,推动生产管理方式转变,实现主体名录、生产记录、质量控制、执法处置等信息管理"一张网"、具体操作"一手握"。

五 提升农产品质量安全系统工作能力和水平

抓基层、强基础、固基本,提升农产品质量安全系统工作能力和水平。受机构改革影响,基层监管能力和监管任务不匹配的矛盾比较突出,这些问题要引起高度重视。不管各地机构队伍怎么设置,监管职责都不能落空,也不能削弱。"十四五"时期,我国加强县乡体系队伍建设,推动各类资源向基层下沉,实施基层网格化监管,保证"事有人抓、活有人干、责有人负"。

党的十八大以来,党中央国务院高度重视农产品质量安全工作。习近平总书记指出:"食品安全源头在农产品,基础在农业,必须正本清源,首先把农产品质量抓好。用最严谨的标准、最严格的监管、最严厉的处罚、最严肃的问责,确保广大人民群众'舌尖上的安全'。"近年来,我国绿色优质农产品蓬勃发展,绿色优质农产品产业规模稳步扩大。但目前我国农产品质量安全的发展与国际、国内市场对农产品质量安全的需求还有一定的差距,我国发展农产品质量安全的技术、广大农户和加工企业的条件也有不足。农产品"三品一标"仍在发展,区域发展不平衡,市场尚未完善。总之,农产品质量安全发展仍然任重而道远。

第二章　农产品质量安全品牌认证

从 20 世纪 80 年代至今,我国相继出现了"放心菜""安全食品""无公害食品""绿色食品""有机食品""生态食品"等一系列安全食品的名词,反映了不同时期我国对食品安全的认识水平和科技水平。传统的"三品一标"是指无公害农产品、绿色食品、有机农产品和农产品地理标志。进入新发展阶段,"三品一标"的内涵及外延进一步拓展,表现为两个"三品一标"的协同发展:农产品"三品一标"指的是绿色、有机、达标合格农产品和农产品地理标志,农业生产"三品一标"则指品种培优、品质提升、品牌打造和标准化生产。

近年来,我国有力地保障了绿色优质农产品的有效供给,绿色优质农产品具有较高的质量安全水平,能够得到消费者的信任,保障消费者的健康,同时也能增加农民的收入,有利于农业的健康、稳定发展。

▶ 第一节　无公害农产品

一　无公害农产品标志图案及含义

无公害农产品标志图案见图 2-1,标志图案主要由麦穗、对钩和"无公害农产品"字样组成。

无公害农产品标志整体为绿色,其中,麦

图2-1　无公害农产品标志

穗与对钩为金色。绿色象征环保和安全,金色寓意成熟和丰收,麦穗代表农产品,对钩表示合格。标志图案直观、简洁、易于识别,含义通俗易懂。

二 无公害农产品概念

无公害农产品是指产地环境、生产过程、产品质量符合国家有关标准和规范的要求,经认证合格并允许使用无公害农产品标志的未经加工或初加工的食用农产品。无公害食品生产过程中允许限量、限品种、限时间地使用人工合成的安全的化学农药、兽药、渔药、肥料、饲料添加剂等。

无公害农产品的定位是保障基本安全、满足大众消费。生产无公害农产品要求产地环境符合相应无公害农产品产地环境的标准要求,并按照《无公害农产品生产技术规程》管理和生产农产品。无公害农产品认证的办理机构为农业农村部农产品质量安全中心(以下简称"部中心"),负责组织实施无公害农产品认证工作。无公害农产品认证是政府行为,认证不收费。

三 无公害农产品发展历程

(一)探索启动

2001年4月,农业部正式启动"无公害食品行动计划"。

2003年4月,部中心成立,正式启动全国统一标志的无公害农产品认证与管理工作。

2004年,部中心集中将地方无公害农产品认证转换为全国统一的无公害农产品认证。

(二)快速发展

2006年11月,《农产品质量安全法》正式实施,规定生产者可以申请使用无公害农产品标志。

2010年,部中心试点整体认证,探索主体管理,并于2011年9月在全国范围内推行无公害农产品整体认证。

（三）质量提升

2012年，部中心加强无公害农产品认证监管工作，并修订《无公害农产品认证现场检查规范》，严格规范现场检查行为。

2015年，部中心重点开展审查工作质量督导，并印发《无公害农产品审查工作质量督导检查办法（试行）》，规范认证审查。

（四）改革过渡

2018年4月，农业农村部印发了《关于做好无公害农产品认证制度改革过渡期间有关工作的通知》，明确了将原无公害农产品产地认定和产品认证工作合二为一，实行产品认定的工作模式，下放由省级农业农村行政部门承担。

2019年12月，农业农村部表示，为加快推进无公害认证制度改革，避免在无公害农产品认证工作停止后出现监管"真空"，农业农村部制定了《食用农产品合格证管理办法（试行）》。

2022年10月，农业农村部发布深入学习贯彻《农产品质量安全法》的通知，指出停止无公害农产品认证，停开农产品产地证明。

至此，无公害农产品的发展落下帷幕，但停止不是取消，而是进一步的升级，相关机构配套出台了食用农产品合格证政策。

▶ 第二节　达标合格农产品

一　达标合格农产品的含义

合格证是指食用农产品生产者根据国家法律法规、农产品质量安全国家强制性标准，在严格执行现有的农产品质量安全控制要求的基础上，对所销售的食用农产品自行开具并出具的质量安全合格承诺证（参考样式见图2-2）。

【生产者开具承诺达标合格证的内容】

承诺达标合格证

我承诺对生产销售的食用农产品：

● 不使用禁用农药兽药、停用兽药和非法添加物

● 常规农药兽药残留不超标

● 对承诺的真实性负责

承诺依据：

● 委托检测合格　　　　　● 自我检测合格

● 质量安全控制符合要求　● 自我承诺

产品名称：　　　　　　数量（重量）：

产　　地：

生产者盖章或签名：

联系方式：

开具日期：　　年　月　日

图2-2　承诺达标合格证

　　农产品生产企业、农民专业合作社生产的农产品（蔬菜、水果、茶鲜叶、畜禽、禽蛋、养殖水产品等）上市销售，以及从事农产品收购的单位或者个人将其收购的农产品进行混装或者分装后销售，应当按照规定开具合格证。

二　达标合格农产品亮证行动启动

　　2022年9月29日，农业农村部发布《关于实施农产品"三品一标"四大行动的通知》，其四大行动中包括达标合格农产品亮证行动。

　　简单来讲，扫描合格证二维码可查询生产记录、追溯、信用等级及产品认证等信息，体现"达标"内涵，即生产过程落实质量安全控制措施、附带合格证的上市农产品符合食品安全国家标准。

三　达标合格农产品的重要地位

　　食用农产品合格证制度是落实农产品生产经营者主体责任、提升农产品质量安全治理能力的有效途径,是农产品质量安全管理领域中一项长远的制度创新,已经上升为法定制度,在法律层面明确了合格证的法律地位。修订的《农产品质量安全法》已于2023年1月1日起施行,规定开具合格证确定为农产品的生产企业、农业专业合作社、从事农产品收购的单位或者个人的一项法律义务。

▶ 第三节 绿色食品

一 绿色食品标志图案及含义

绿色食品标志图案见图2-3,绿色食品标志图形由三部分构成,上方的太阳、下方的叶片和中间的蓓蕾,象征自然生态。标志的图形为圆形,意为保护、安全。标志的颜色为绿色,象征着生命、农业、环保。

图2-3　AA级绿色食品标志(左)和A级绿色食品标志(右)

整个图形描绘了在明媚的阳光照耀下的和谐生机,告诉人们绿色食品是出自纯净、良好生态环境的安全、无污染的食品,能给人们带来蓬勃的生命力。绿色食品标志还提醒人们要保护环境和防止污染,通过改善人与环境的关系,创造自然界新的和谐。从行业发展上看,随着我国人民生活水平的提高和消费理念的转变,无污染、安全的绿色食品已成为时尚,越来越受到人们的青睐。

　　绿色食品标准共分为两个技术等级：AA 级绿色食品标准和 A 级绿色食品标准。AA 级绿色食品标志的图案与字体呈绿色，底色呈白色；A 级绿色食品标志的图案与字体呈白色，底色呈绿色。

二　绿色食品的概念

　　绿色食品是我国对无污染、安全、优质食品的总称，是指产自优良生态环境、按照绿色食品标准生产、实行从土地到餐桌全程质量控制，按照《绿色食品标志管理办法》规定程序获得绿色食品标志使用权的安全、优质的食用农产品及相关产品。

　　绿色食品是遵循可持续发展原则，按照特定的生产方式生产，经专门机构认定、许可使用绿色食品标志的无污染的安全、优质、营养食品。绿色食品的管理机构是农业农村部中国绿色食品发展中心。

　　绿色食品特定的生产方式是指按照标准生产、加工，对产品实施全程质量控制，依法对产品实行标志管理。无污染、安全、优质、营养是绿色食品的特征。无污染是指在绿色食品生产、加工的过程中，通过监测、控制，防范农药残留、放射性物质、重金属、有害微生物等对食品生产各个环节的污染，以确保绿色食品的洁净。绿色食品的优质特性包括产品的外表包装水平高和内在质量水准高，其中内在质量又可分为两个方面：一是内在品质优良，二是营养价值和卫生安全指标高。为了保证绿色食品无污染、安全、优质、营养的特性，开发绿色食品有一套较为完整的质量标准体系，具体包括产地环境质量标准、生产技术标准、产品质量和卫生标准、包装标准、储藏和运输标准及其他相关标准，它们构成了绿色食品完整的质量控制标准体系。

　　绿色食品必须具备以下 4 个条件：①绿色食品必须出自优良生态环境，即产地中的土壤、大气、水质符合《绿色食品产地环境技术条件》要求；②绿色食品的生产过程必须严格执行绿色食品生产技术标准，即生产过程中的投入品（农药、肥料、兽药、饲料、食品添加剂等）符合绿色食品相关生产资料使用准则规定，生产操作符合绿色食品生产技术规程要求;③绿色食品必须经绿色食品定点监测机构检验,其感官指标、理化指标(重金属、农药残留、兽药残留等)和微生物学指标符合绿色食品标准;④绿色食品包装必须符合《绿色食品包装通用准则》要求,并按相关规定在包装上使用绿色食品标志。

绿色食品标志已按照中华人民共和国国家知识产权局商标批准注册,符合按商标分类划分第二十九类(腌腊制品、鱼制食品、干果、食用菌、豆腐制品、食用油等)、第三十类(调味品、糕点、方便食品等)、第三十一类(新鲜水果、蔬菜、活动物等)、第三十二类(饮料、果汁、矿泉水、啤酒等)、第三十三类(白酒、红酒、葡萄酒、白兰地等含酒精饮品等)食品具备条件的食品,均可申请使用绿色食品的标志。

三 绿色食品的分级

我国于 1989 年开始发展安全营养食品,并将其定名为"绿色食品"。1990 年 5 月 15 日,我国正式宣布开始发展绿色食品。到了 1996 年,我国将绿色食品分为 AA 级和 A 级两类,其中 AA 级绿色食品与国际接轨,各项标准均达到或高于国际同类食品标准。但是,大量开发 AA 级绿色食品尚有一定的难度。目前,A 级绿色食品已经在国内市场和国外普通食品市场拥有了很强的竞争力。

(一)AA 级绿色食品的产地环境质量需要符合《绿色食品产地环境质量标准》

AA 级绿色食品在生产过程中不使用任何化学合成的农药、肥料、兽药、食品添加剂、饲料添加剂及其他有害于环境和身体健康的物质;是按有机生产方式生产,产品质量符合绿色产品标准,经专门机构认定,许可使用 AA 级绿色食品标志的产品。在 AA 级绿色食品生产中,禁止使用基因工程技术。

(二)A级绿色食品的产地环境质量需要符合《绿色食品产地环境质量标准》

A级绿色食品在生产过程中严格按照绿色生产资料使用准则和生产操作规程要求,限量使用限定的化学合成物质;是产品质量符合绿色食品产品标准,经专门机构认定,许可使用A级绿色食品标志的产品。

(三)两者的区别

AA级绿色食品与国际相关食品标准接轨,在标准上与其一致。目前,AA级绿色食品标准已经达到甚至超过国际有机农业运动联盟有机食品基本标准的要求,AA级绿色食品已具备了走向世界的条件。这是AA级与A级的根本区别。

AA级绿色食品生产操作规程上禁止使用任何化学合成物质,A级绿色食品生产中允许限量使用限定的化学合成物质。

AA级绿色食品包装上以白底印绿色图案,防伪标签的底色为蓝色;A级绿色食品产品包装上以绿底印白色图案,其防伪标签的底色为绿色。AA级和A级绿色食品的具体区别见表2-1。

表2-1　AA级绿色食品与A级绿色食品的区别

项目	AA级绿色食品	A级绿色食品
环境评价	采用单项指数法,各项数据均不得超过有关标准	采用综合指数法,各项环境监测的综合污染指数不得超过1
生产过程	生产过程中禁止使用任何化学合成的肥料、农药及食品添加剂	生产过程中允许限量、限时间、限定方法使用限定品种的化学合成物质
产品	各种化学合成农药及合成食品添加剂均不得检出	允许限定使用的化学合成物质的残留量仅为国家或国际标准的1/2,其他禁止使用的化学物质残留不得检出
包装标识标志编号	标志和标准字体为绿色,底色为白色,防伪标签的底色为蓝色,标志编号以双数结尾	标志和标准字体为白色,底色为绿色,防伪标签的底色为绿色,标志编号以单数结尾

四 绿色食品的生产环境技术要求

国家主要对绿色食品的产地土壤环境质量标准、空气环境质量标准、产地用水严格控制指标质量标准、产地用水一般控制指标质量标准进行严格控制。

绿色食品产地水质标准以农田灌溉水质标准为基础,重点考察多种有毒污染指标。中国绿色食品发展中心提出绿色食品生产基地农田浇灌水质量标准重点评估 pH、总汞、总砷、总镉、总铅、铬(六价)、氯化物、氰化物等。

五 绿色食品标志使用的申报、论证程序

为规范绿色食品认证工作,依据《绿色食品标志管理办法》,凡具有绿色食品生产条件的国内企业均可按以下程序申请绿色食品认证。

(一)认证申请

申请人从中国绿色食品发展中心(以下简称"中心")及其所在省的绿色食品办公室(以下简称"省绿办")、绿色食品发展中心领取《绿色食品标志使用申请书》《企业及生产情况调查表》及有关资料,或从中心网站下载。

申请人填写并向省绿办递交《绿色食品标志使用申请书》《企业及生产情况调查表》及材料清单所列材料。

(二)受理及文审

省绿办收到上述申请材料后,进行登记、编号,5个工作日内完成对申请认证材料的审查工作,并向申请人发出《文审意见通知单》,同时抄送中心认证处。

申请认证材料不齐全的,要求申请人收到《文审意见通知单》后10个工作日提交补充材料。

申请认证材料不合格的,通知申请人在申请绿色食品的产品的本生

长周期内不再受理其申请。

申请认证材料合格的,进行现场检查、产品抽样。

(三)现场检查、产品抽样

省绿办应在《文审意见通知单》中明确现场检查计划,并在计划得到申请人确认后委派 2 名或 2 名以上检查员进行现场检查。

检查员根据《绿色食品用检查员工作手册(试行)》和《绿色食品的产地环境质量现状调查技术规范(试行)》中的规定,对有关项目进行逐项检查,每位检查员单独填写现场检查表和检查意见。现场检查和环境质量现状调查工作在 5 个工作日内完成,完成后 5 个工作日内检查员向省绿办递交现场检查评估报告和环境质量现状调查报告及有关调查资料。

现场检查合格后,可以安排产品抽样。凡申请人提供了近一年内绿色食品定点产品监测机构出具的产品质量检测报告,并经检查员确认,符合绿色食品产品检测项目和质量要求的,可以免除产品抽样检测。

现场检查合格,需要抽样检测的产品安排产品抽样:

(1)当时可以抽到适抽产品的,检查员依据《绿色食品产品抽样技术规范》进行产品抽样,并填写《绿色食品产品抽样单》,同时将抽样单抄送中心认证处。特殊产品(如动物性产品等)的抽样另行规定。

(2)当时无法抽到适抽产品的,检查员与申请人当场确定抽样计划,同时将抽样计划抄送中心认证处。

(3)申请人将样品、产品执行标准、《绿色食品产品抽样单》和检测费寄送绿色食品定点产品监测机构。

若现场检查不合格,不安排产品抽样。

(四)环境监测

绿色食品产地环境质量现状调查由检查员在现场检查时同步完成。

经调查确认,产地环境质量符合《绿色食品产地环境质量现状调查技术规范(试行)》规定的免测条件,免做环境监测。

根据《绿色食品产地环境质量现状调查技术规范(试行)》的有关规

定,经调查确认,必须进行环境监测的,省绿办自收到调查报告 2 个工作日内以书面形式通知绿色食品定点环境监测机构进行环境监测,同时将通知单抄送中心认证处。

定点环境监测机构收到通知单后,40 个工作日内出具环境监测报告,将环境监测报告连同填写的《绿色食品环境监测情况表》,直接报送中心认证处,同时抄送省绿办。

(五)产品检测

绿色食品定点产品监测机构自收到样品、产品执行标准、《绿色食品产品抽样单》、检测费后,20 个工作日内完成检测工作,出具产品检测报告,将产品检测报告连同填写的《绿色食品产品检测情况表》,报送中心认证处,同时抄送省绿办。

(六)认证审核

省绿办收到检查员现场检查评估报告和环境质量现状调查报告后,3 个工作日内签署审查意见,并将认证申请材料、检查员现场检查评估报告、环境质量现状调查报告及《省绿办绿色食品认证情况表》等材料报送中心认证处。

中心认证处收到省绿办报送材料、环境监测报告、产品检测报告及申请人直接寄送的《申请绿色食品认证基本情况调查表》后,进行登记、编号,在确认收到最后一份材料后 2 个工作日内下发受理通知书,书面通知申请人,并抄送省绿办。

中心认证处组织审查人员及有关专家对上述材料进行审核,20 个工作日内做出审核。

(1)审核结论为"有疑问,需现场检查"的,中心认证处在 2 个工作日内完成现场检查,书面通知申请人,并抄送省绿办。得到申请人确认后,中心认证处在 5 个工作日内派检查员再次进行现场检查。

(2)审核结论为"材料不完整或需要补充说明"的,中心认证处向申请人发送《绿色食品认证审核通知单》,同时抄送省绿办。申请人须在 20 个工作日内将补充材料报送中心认证处,并抄送省绿办。

（3）审核结论为"合格"或"不合格"的,中心认证处将认证材料、认证审核意见报送绿色食品评审委员会。

（七）认证评审

绿色食品评审委员会自收到认证材料、认证处审核意见后10个工作日内进行全面评审,并做出认证终审结论。

认证终审结论分为两种情况:一是认证合格;二是认证不合格。

结论为"认证合格"的,申请人获得证书。

结论为"认证不合格"的,评审委员会秘书处在做出终审结论2个工作日内,将《认证结论通知单》发送申请人,并抄送省绿办。本生长周期内不再受理其申请。

（八）颁证

中心在5个工作日内将办证的有关文件寄送给"认证合格"申请人,并抄送省绿办。申请人在60个工作日内与中心签订《绿色食品标志商标使用许可合同》。

中心主任签发证书。

申请人缴费,并领取防伪标签。

第四节　有机食品

一　有机食品标志图案

（一）有机食品标志图案及含义

有机食品标志见图2-4,采用国际通行的圆形构图,以手掌和叶片为创意元素,包含两种景象:一是一只手向上持着一片绿叶,寓意人类对自然和生命的渴望;二是两只手一上一下握在一起,将绿叶拟人化为自然的手,寓意人类的生存离不开大自然的呵护,人与自然需要建立和谐美好的关系。图形外围绿色圆环上用中、英文标明"有机食品"。

图 2-4　有机食品标志

有机食品理念是人类的食物从自然中获取，人类的活动应尊重自然规律，这样才能创造一个良好的可持续发展空间。有机食品标志的使用需要根据证书和《有机食（产）品标志使用章程》的要求，签订《有机食（产）品标志使用许可合同》，并办理有机转换/有机标志的使用手续才可以使用。

（二）中国有机产品标志图案及含义

中国有机产品标志的图案由三部分组成，即外围的圆形、中间的种子图形和周围的环形线条，见图 2-5。

图 2-5　中国有机产品标志

标志外围的圆形形似地球，象征和谐、安全，圆形中的"中国有机产品"字样为中英文结合方式，既表示中国有机产品与世界同行，又有利于国内外消费者识别。

标志中间类似于种子的图形代表生命萌发之际的勃勃生机，象征有机产品要通过从种子开始的全过程认证，同时昭示有机产品就如同刚刚萌发的种子，正在中国大地上茁壮成长。

种子图形周围圆润的线条象征环形道路，与种子图形合并构成汉字"中"，体现出有机产品植根中国，有机之路越走越宽广。同时，处于平面的环形又是英文字母 C 的变体，种子形状也是 O 的变形，意为China Organic。

绿色代表环保、健康，表示有机产品促进人类的生态环境的良好发展。橘红色代表旺盛的生命力，表示有机产品对可持续发展具有积极的作用。

（三）有机食品与中国有机产品的区别

有机食品是有机产品的一类，有机产品还包括棉、麻、竹、服装、化妆

品、饲料(有机标准包括动物饲料)等非食品类产品。我国有机食品主要包括粮食、蔬菜、水果、畜禽产品(包括乳蛋肉及相关加工制品)、水产品及调料等。

二 有机食品概述

有机食品是指来自有机农业生产体系,根据国际有机农业生产要求和相应的标准生产加工的,即在原料生产和产品加工过程中不使用化肥、农药、生长激素、化学添加剂、化学色素和防腐剂等化学物质,不使用基因工程技术,并通过独立的有机食品认证机构认证的一切农副产品,包括粮食、蔬菜、水果、奶制品、畜禽产品、蜂蜜、水产品、调料等。

(一)有机食品必备条件

在有机食品生产和加工过程中必须严格遵循有机食品生产、采集、加工、包装、储藏、运输标准,禁止使用化学合成的农药、化肥、激素、抗生素、食品添加剂等,禁止使用基因工程技术和该技术的产物及其衍生物。

在有机食品生产和加工过程中必须建立严格的质量管理体系、生产过程控制体系和追踪体系,因此一般需要有转换期。

有机食品必须通过合法的有机食品认证机构的认证。有机食品的认证不是终身制。按照国际惯例,有机食品标志认证一次有效许可期限为1年。1年期满后可申请"保持认证",通过检查、审核合格后方可继续使用有机食品标志。

有机农产品生产基本要求:

(1)生产基地在最近3年内未使用过农药、化肥等违禁物质;

(2)种子或种苗来自于自然界,未经基因工程技术改造;

(3)生产基地应建立长期的土地培肥、植物保护、作物轮作和畜禽养殖计划;

(4)生产基地无水土流失、风蚀及其他环境问题;

(5)作物在收获、清洁、干燥、储存和运输过程中应避免污染;

(6)从常规生产系统向有机生产转换通常需要2年以上的时间;

（7）新开荒地、撂荒地须经过 12 个月以上的转换期才有可能获得颁证；

（8）在生产和流通过程中，产品必须有完善的质量控制和跟踪审查体系，并有完整的生产和销售记录档案。

（二）有机食品与其他食品的区别

有机食品在生产加工过程中绝对禁止使用农药、化肥、激素等人工合成物质，并且不允许使用基因工程技术；而其他食品则允许有限使用这些技术，且不禁止基因工程技术的使用。如绿色食品对基因工程和辐射技术的使用就未做规定。

在生产转型方面，从生产其他食品到有机食品需要 2~3 年的转换期，而生产其他食品（包括绿色食品和无公害食品）则没有转换期的要求。

在数量控制方面，有机食品的认证要求定地块、定产量，而其他食品没有如此严格的要求。

因此，生产有机食品要比生产其他食品难得多，需要建立全新的生产体系和监控体系，采用相应的病虫害防治、地力保护、种子培育、产品加工和储存等替代技术。

三 有机食品生产基地标准

有机食品生产基地应选择空气清新、水质纯净、土壤未受污染、具有良好农业生态环境的地区。生产基地应避开繁华的都市、工业区和交通要道的中心，其周围不得有污染源，特别是上游或上风口不得有有害物质或有害气体排放；有清洁的灌溉水源，在水源或水源周围不得有污染源或潜在的污染源；土壤重金属的背景值位于正常值区域，周围没有金属或非金属矿山，没有严重的农药残留和化肥、重金属的污染，同时要求土壤具有较高的土壤肥力，基地或其周围有较丰富的有机肥源；有充足的劳动力从事有机农业的生产，基地的经营者有优良的技术基础；不得在废水污染和固体废弃物周围 2~5 km 范围内进行有机食品生产；离公

路的距离也要以没有明显的尘土污染为限。生产基地应具备有效防止有机农业生产区域外部偶然污染的能力。基地具备优良的土壤、空气和水等环境,不低于有机产品国家标准要求,《国家有机食品生产基地考核管理规定》中规定有机食品土壤环境质量不低于《土壤环境质量农用地土壤污染风险管控标准(试行)》(原《土壤环境质量标准》),灌溉用水质量不低于《农田灌溉水质标准》,水产养殖及渔业用水质量不低于《渔业水质标准》,畜禽饮用水质量不低于《生活饮用水卫生标准》,环境空气质量不低于《环境空气质量标准》二级标准。

四 有机产品的申报、认证程序

为规范有机产品认证活动,确保认证程序和管理基本要求的一致性和认证的有效性,根据《中华人民共和国认证认可条例》和《有机产品认证管理办法》的规定,国家认证认可监督管理委员会制定了《有机产品认证实施规则》,于 2005 年 6 月 1 日公布、施行。

《有机产品认证实施规则》适用于在中华人民共和国境内销售的有机产品的认证活动。依据标准 GB/T19630—2019《有机产品 生产、加工、标识与管理体系要求》(以下简称《有机产品》)实施认证。关键认证程序如下:

(一)申请

1.认证机构应向申请人公开的信息

(1)国家认证认可监督管理委员会批准的认证范围和中国认证机构国家认可委员会认可的认证范围;

(2)认证程序和认证要求;

(3)认证依据标准;

(4)认证收费标准;

(5)认证机构和申请人的权利、义务;

(6)认证机构处理申诉、投诉和争议的程序;

(7)批准、暂停和撤销认证的规定和程序;

（8）对获证单位或者个人使用中国有机产品认证标志、中国有机转换产品认证标志、认证机构的标识和名称的要求；

（9）对获证单位或者个人按照认证证书的范围进行正确宣传的要求。

2.认证机构应要求申请人提交的文件资料

（1）申请人的合法经营资质文件,如土地使用证、营业执照、租赁合同等,当申请人不是有机产品的直接生产者或加工者时,申请人还需要提交与各方签订的书面合同。

（2）申请人及有机生产、加工的基本情况,包括申请人/生产者名称、地址、联系方式、加工场所的名称、产地（基地）、加工场所的情况;过去3年间的生产历史,包括对农事、病虫草害防治、投入物使用及收获情况的描述;生产、加工规模,包括对品种、面积、产量、加工量等的描述;申请和获得其他有机产品认证的情况。

（3）产地（基地）区域范围描述,包括地理位置图、地块分布图、地块图、面积、缓冲带、周围临近地块的使用情况的说明等;加工场所周边环境描述、厂区平面图、工艺流程图等。

（4）申请认证的有机产品生产、加工、销售计划,包括品种、面积、预计产量、加工产品品种、预计加工量、销售产品品种、计划销售量、销售去向等。

（5）产地（基地）、加工场所有关环境质量的证明材料。

（6）有关专业技术和管理人员的资质证明材料。

（7）保证执行有机产品标准的声明。

（8）有机生产、加工的管理体系文件。

（9）其他相关材料。

（二）受理

认证机构应当自收到申请人书面申请之日起10个工作日内,完成对申请材料的评审,并做出是否受理的决定。

如果同意受理申请,认证机构与申请人签订认证合同;如果不予受理申请,认证机构应当书面通知申请人,并说明理由。

认证机构的评审过程应确保:认证要求规定明确、形成文件并得到理解;和申请人之间在理解上的差异得到解决;对于申请的认证范围、申请人的工作场所和特殊要求有能力开展认证服务。

认证机构应保存评审过程的记录。

(三)检查准备与实施

1.下达检查任务书

认证机构在检查前应下达检查任务书,其内容包括但不限于:申请人的联系方式、地址等;检查依据,包括认证标准和其他相关法律法规;检查范围,包括检查产品种类和产地(基地)、加工场所等;检查要点,包括管理体系、追踪体系和投入物的使用等;对于上一年度获得认证的单位或者个人,本次认证应侧重于检查认证机构提出的整改要求的执行情况等。

2.认证机构

根据检查类别,认证机构委派具有相应资质和能力的检查员,并应征得申请人同意,但申请人不得指定检查员。对同一申请人或生产者、加工者,不能连续3年或3年以上委派同一检查员实施检查。

3.文件评审

认证机构在现场检查前,应对申请人、生产者的管理体系等文件进行评审,确定其适宜性、充分性及与标准的符合性,并保存评审记录。

4.检查计划

认证机构应制定检查计划并在现场检查前与申请人进行确认。检查计划应包括:检查依据、检查内容、访谈人员、检查场所及时间安排等。

检查的时间应当安排在申请认证的产品生产过程的适当阶段,在产品生长期、产品加工期间至少进行一次检查;对于产地(基地)的首次检查,检查范围应不少于2/3的生产活动范围;对于多农户参加的有机生产,访问的农户数不少于农户总数的平方根。

5.检查实施

根据认证依据标准的要求对申请人的管理体系进行评估,核实生产、加工过程与申请人按照与提交的文件的一致性,确认生产、加工过程与认证依据标准的符合性。检查过程至少应包括:对生产地块、加工、贮藏场所等的检查;对生产管理人员、内部检查人员、生产者的访谈;对生产、加工记录的检查;对追踪体系的评价;对内部检查和持续改进的评估;对产地环境质量状况及其对有机生产可能产生污染的风险的确认和评估;必要时,对样品采集与分析;适用时,对上一年度认证机构提出的整改要求执行情况进行的检查;检查员在结束检查前,对检查情况的总结。明确存在的问题,并进行确认。允许被检查方对存在的问题进行说明。

6.产地环境质量状况的评估和确认

认证机构在实施检查时应确保产地(基地)的环境质量状况符合《有机产品》规定的要求。

当申请人不能提供对于产地环境质量状况有效的监测报告(证明),认证机构无法确定产地环境质量是否符合《有机产品》规定的要求时,认证机构应要求申请人委托有资质的监测机构对产地环境质量进行监测并提供有效的监测报告(证明)。

7.样品采集与分析

认证机构应按照相应的国家标准,制定样品采集与分析程序(包括残留物和转基因分析等)。

如果检查员怀疑申请人使用了认证标准中禁止使用的物质,或者产地环境、产品可能受到污染等情况,应在现场采集样品;采集的样品应交给具有相关资质的检测机构进行分析。

8.检查报告

检查报告应采用认证机构规定的格式。

检查报告和检查记录等书面文件应提供充分的信息以使认证机构有能力做出客观的认证决定。检查报告应含有风险评估和检查员对生产者的生产、加工活动与认证标准的符合性判断,对检查过程中收集的信息和不符合项的说明等相关方面进行描述。

检查报告应得到申请人的书面确认。

(四)认证决定

当生产过程检查完成后,认证机构根据认证过程中收集的所有信息进行评价,做出认证决定并及时通知申请人。

申请人、生产者符合下列条件之一,予以批准认证:

(1)生产活动及管理体系符合认证标准的要求。

(2)若生产活动、管理体系及其他相关信息不完全符合认证标准的要求,认证机构应提出整改要求。申请人已经在规定的期限内完成整改或已经提交整改措施并有能力在规定的期限内完成整改以满足认证要求的,认证机构经过验证后可批准认证。

申请人、生产者的生产活动存在以下情况之一,不予以批准认证:

(1)未建立管理体系,或建立的管理体系未有效实施。

(2)使用禁用物质。

(3)生产过程不具有可追溯性。

(4)未按照认证机构规定的时间完成整改或提交整改措施;所提交的整改措施未满足认证要求。其他严重不符合有机标准要求的事项。

(五)颁发证书与标志

认证机构应对批准认证的申请人及时颁发认证证书,准许其使用认证标志、标识。

认证机构应当与获得认证的单位或者个人签订有机产品标志、标识使用合同,明确标志、标识使用的条件和要求。

认证证书、标志:

(1)国家认证认可监督管理委员会规定有机产品认证证书的基本格式和有机产品认证标志的式样。

(2)有机产品认证证书应当包括以下内容:获证单位和个人名称、地址;获证产品的数量、产地面积和产品种类;有机产品认证的类别;依据的标准或者技术规范;有机产品认证标志的使用范围、数量、使用形式或者方式;颁证机构、颁证日期、有效期和负责人签字;在有机产品转换期内生产的产品或者以转换期内生产的产品为原料的加工产品,应当注明"转换"字样和转换期限。

(3)有机产品认证证书有效期为1年。

(4)获得有机产品认证证书的单位或者个人,在有机产品认证证书有效期内,发生下列情形之一的,应当向有机产品认证机构办理变更手续:获证单位或者个人发生变更的;有机产品生产、加工单位或者个人发生变更的;产品种类变更的;有机产品转换期满,需要变更的。

(5)获得有机产品认证证书的单位或者个人,在有机产品认证证书有效期内,发生下列情形之一的,应当向有机产品认证机构重新申请认证:产地(基地)、加工场所或者经营活动发生变更的;其他不能持续符合有机产品标准、相关技术规范要求的。

(6)获得有机产品认证证书的单位或者个人,发生下列情形之一的,认证机构应当及时做出暂停、撤销认证证书的决定:获证产品不能持续符合标准、技术规范要求的;获证单位或者个人发生变更的;有机产品生产、加工单位发生变更的;产品种类与证书不相符的;未按规定加上或者使用有机产品标志的。对于撤销的证书,有机产品认证机构应当予以收回。

(六)认证收费

认证机构按照《国家计委国家质量技术监督局关于印发产品质量认证收费管理办法和收费标准的通知》有关规定收取认证费用。

第五节　农产品地理标志

一　农产品地理标志图案及含义

农产品地理标志见图2-6,由"中华人民共和国农业农村部"中英文字样、"农产品地理标志"中英文字样和麦穗、地球、日、月图案等元素

构成。

标志中的麦穗代表生命与农产品,橙色寓意成熟和丰收,绿色象征农业和环保。图案整体体现了农产品地理标志与地球、人类共存的内涵。

图 2-6　农产品地理标志

二　农产品地理标志概述

农产品地理标志是指标示农产品来源于特定地域,产品品质和相关特征主要取决于自然生态环境和历史人文因素,并以地域名称冠名的特有农产品标志。农产品地理标志实行标识与地域产品名称相结合的标注制度。

申请农产品地理标志登记保护应当符合下列 5 个条件:①称谓由地理区域名称和农产品通用名称构成;②产品有独特的品质特性或者特定的生产方式;③产品品质和特色主要取决于独特的自然生态环境和人文历史因素;④产品有限定的生产区域范围;⑤产地环境、产品质量符合国家强制性技术规范要求。

农产品地理标志登记保护申请人由县级以上地方人民政府择优确定,应当是农民专业合作经济组织、行业协会等服务性组织,并满足下列 3 个条件:①具有监督和管理农产品地理标志及其产品的能力;②具有为地理标志农产品生产、加工、营销提供指导服务的能力;③具有独立承担民事责任的能力。农产品地理标志是国家重要的自然资源和人文资源,属于地域性资源公权,企业和个人不能作为农产品地理标志登记保护申请人。

三　农产品地理标志登记的组织与运行

(一)登记部门

《中华人民共和国农业法》中规定:符合规定产地及生产规范要求的

农产品可以依照有关法律或者行政法规的规定申请使用农产品地理标志。这说明开展农产品地理标志登记工作是农业部门的重要职责。

农业农村部负责全国农产品地理标志登记保护工作。部中心负责农产品地理标志登记审查、专家评审和对外公示工作。省级人民政府农业行政主管部门负责本行政区域内农产品地理标志登记保护申请的受理和初审工作。农业农村部设立的农产品地理标志登记专家评审委员会负责专家评审。

(二)运行方式

农产品地理标志登记管理是一项服务于广大农产品生产者的公益行为,主要依托政府推动,登记不收取费用。《农产品地理标志管理办法》(以下简称《办法》)规定,县级以上人民政府农业行政主管部门应当将农产品地理标志管理经费编入本部门年度预算。县级以上地方人民政府农业行政主管部门应当将农产品地理标志登记保护和利用纳入本地区的农业和农村经济发展规划,并在政策、资金等方面给以支持。按照农业农村部的要求,农产品地理标志要立足传统农耕文化和特殊地理资源,科学合理规划发展重点,规范有序登记保护,确保主体权益、品质特色和品牌价值。

(三)证书管理

农产品地理标志证书由农业农村部颁发,农产品地理标志登记证书长期有效。符合农产品地理标志使用条件的单位和个人,可以向登记证书持有人申请使用农产品地理标志。使用农产品地理标志,应当按照生产经营年度与登记证书持有人签订农产品地理标志使用协议。农产品标志登记证书持有人不得向农产品地理标志使用人收取使用费。

四 农产品地理标志的申报、认证程序

(一)申请

申请人应当根据申请登记的农产品分布情况和品质特性,科学合理

地确定申请登记的农产品地域范围,包括具体的地理位置、涉及的村镇和区域的边界;报给出具资格确认文件的地方人民政府农业行政主管部门审核,主管部门出具地域范围确定性文件。

申请人应当根据申请登记的农产品产地环境特性和产品品质典型特征,制定相应的质量控制技术规范,包括产地环境条件、生产技术规范和质量安全技术规范。

申请登记农产品的产地环境和品质鉴定工作由农业农村部考核合格的农产品质量安全检测机构承担。鉴定工作有特殊需要的,部中心可以指定具有法定资质的检测机构承担。

检测机构应当根据申请人的委托和农产品地理标志登记管理的相关规定进行抽样、检测和出具报告。

申请人应当向省级农业行政主管部门提出登记申请,并提交下列材料一式三份:

(1)登记申请书;

(2)申请人资质证明;

(3)农产品地理标志产品品质鉴定报告;

(4)质量控制技术规范;

(5)地域范围确定性文件和生产地域分布图;

(6)产品实物样品或者样品图片;

(7)其他必要的说明性或者证明性材料。

省级农业行政主管部门可以确定工作机构承担农产品地理标志登记管理的具体工作。

(二)受理

(1)省级农业行政主管部门自受理农产品地理标志登记申请之日起,应当在45个工作日内按规定完成登记申请材料的初审和现场核查工作,并提出初审意见。

(2)如果申请材料符合规定条件,省级农业行政主管部门应当将申请材料和初审意见报部中心。

（3）如果申请材料不符合规定条件,省级农业行政主管部门应当在提出初审意见之日起 10 个工作日内将相关意见和建议书面通知申请人。

（4）部中心收到申请材料和初审意见后,应当在 20 个工作日内完成申请材料的审查工作,提出审查意见,并组织专家评审。

（5）必要时,部中心可以组织实施现场核查。

（6）专家评审工作由农产品地理标志登记专家评审委员会承担,并对评审结论负责。

（7）申请材料经专家评审通过后,部中心代表农业农村部在《农民日报》、中国农业信息网、中国农产品质量安全网等公共媒体上对登记的产品名称、登记申请人、登记的地域范围和相应的质量控制技术规范等内容进行为期 10 日的公示。

（8）若申请材料经专家评审没有通过,农业农村部做出不予登记的决定,农业农村部书面通知申请人和省级农业行政主管部门,并说明理由。

（三）异议复审

对公示内容有异议的单位和个人,应当自公示之日起 30 日内以书面形式向部中心提出,并说明异议的具体内容和理由。

部中心应当将异议情况转所在地省级农业行政主管部门提出处理建议后,组织农产品地理标志登记专家评审委员会复审。

公示无异议的,由部中心报农业农村部做出决定。准予登记的,农业农村部颁发《中华人民共和国农产品地理标志登记证书》并发布公告,同时公布登记产品的质量控制技术规范。

（四）认证决定

农产品地理标志登记证书长期有效。

出现《办法》第十三条第二款所列情形之一的,登记证书持有人应当向省级农业行政主管部门提出变更申请。经省级农业行政主管部门审查同意后,变更申请报部中心。

变更申请内容符合规定要求的,由部中心按照《办法》第十条和第十一条的规定进行公示和处理。

同意变更的,农业农村部重新核发《中华人民共和国农产品地理标志登记证书》并发布公告,原登记证书予以收回、注销。

县级以上地方农业行政主管部门及其农产品地理标志工作机构发现地理标志农产品或登记证书持有人不符合《办法》第七条、第八条规定的,应当及时上报农业农村部注销并发布公告。

从事农产品地理标志登记现场核查的人员,应当经部中心考核合格。

农产品地理标志登记申请书样式、农产品地理标志登记报告格式、现场核查规范、质量控制技术规范编写指南、产地环境检测和产品品质鉴定报告格式等相关程序性文件,由部中心组织制定。

▶ 第六节 名特优新农产品

一 全国名特优新农产品概述

图2-7 全国名特优新标志

全国名特优新标志见图2-7,由"安全""优质""营养""健康"和CAQS字样、麦穗、太阳、对钩图案等元素构成。

"全国名特优新农产品"是经县级名特优新农产品产业主管部门申请,地市级、省级农业农村部门农产品质量安全与优质化业务技术工作机构审核,部中心组织专家技术评审确认的农产品;是指在特定区域(原则上以县域为单元)内生产、具备一定生产规模和商品量、具有显著地域特征和独特营养品质特色、有稳定的供应量和消费市场、公众认知度和美誉度高并经部中心登录公告和核发证书的农产品。

二 全国名特优新农产品标志规模标准

全国名特优新农产品名录收集登录的最小生产规模见表2-2。

表2-2 全国名特优新农产品名录收集登录的最小生产规模

行业类别	产品类别	生产规模
种植业	粮油作物	650 hm² 以上
	露地蔬菜	100 hm² 以上
	设施蔬菜	50 hm² 以上
	茶叶	500 hm² 以上
	大宗果品	200 hm² 以上
	特色果品	100 hm² 以上
	食用菌	50 hm² 以上
	中药材	100 hm² 以上
	其他小品种	50 hm² 以上
畜牧业	蛋鸡、蛋鸭(年存栏)	30 000 羽以上
	肉鸡、肉鸭(年出栏)	100 000 羽以上
	生猪(年出栏)	10 000 头以上
	肉牛(年出栏)	2 000 头以上
	肉羊(年出栏)	10 000 只以上
	奶牛、奶羊(年存栏)	2 000 头以上
	其他奶畜(年存栏)	600 头以上
	蜂产品	10 000 群以上
	其他小品种	禽类 10 000 羽 畜类 1 000 头
渔业	鱼、虾、蟹、贝类、藻类	10 t 以上
	其他小品种	5 t 以上

三 全国名特优新农产品标志申报、认证程序

(一)全国名特优新农产品申报指南

申报主体:县级主管机构(单位)。

受理范围:种植业和养殖业产品及其产地初加工产品。

申报条件:

(1)符合全国名特优新农产品名录收集登录的基本特征;

(2)有稳定的生产规模和商品量;

(3)实施全程质量控制和依托龙头骨干生产经营主体引领带动;

(4)产地环境符合国家相关技术标准规范要求,产品符合食品安全相关标准要求,近3年来未出现过重大农产品质量安全问题。

(二)申报材料

申报材料包括以下内容:

(1)全国名特优新农产品名录申请表;

(2)全国名特优新农产品营养品质评价鉴定机构出具的名特优新农产品营养品质评价鉴定报告;

(3)主要生产经营主体的营业证照、相关获奖及认证证书复印件;

(4)其他证明申请产品具有名特优新特征特性的材料;

(5)申请产品包括产品不同生长期、生产环境、产品包装标识等内容的数码照片3~5张。

(三)受理

全国名特优新农产品名录原则上以县域为单元申请,经县级人民政府确认的县级名特优新农产品主管机构(单位)作为名录登录申请主体。

申请工作实行网上电子信息和纸质文本并行。网上电子信息申请直接登录中国农产品质量安全网全国名特优新农产品信息系统(http://www.aqsc.agri.cn,以下简称"电子信息系统")。申请主体在网上提交电子申请信息后,自行打印申请文本1份,经签字盖章后逐级上报确认。

地市级农业农村部门农产品质量安全(优质农产品)工作机构(以下简称"地市级工作机构")负责对本地区、本行业申请产品和推荐的主要生产经营主体的真实性和可靠性进行确认,提出确认意见并加盖地市级工作机构印章,同时在电子信息系统填写确认意见。

省级农业农村部门农产品质量安全(优质农产品)工作机构(以下简称"省级工作机构")负责对本地区、本行业申请产品和推荐的主要生产经营主体的符合性和代表性进行确认,提出确认意见并加盖省级工作机构印章,同时在电子信息系统填写确认意见。

国家中心负责对全国名特优新农产品名录申请材料完整性和产品地域独特性进行审查,组织专家进行技术确认,提出审定意见。

(四)确认

通过技术确认拟纳入全国名特优新农产品名录的产品,在中国农产品质量安全网(国家农产品质量安全公共信息平台)公示,公示期7天。

公示无异议的,产品正式纳入全国名特优新农产品名录,由国家中心发布公告,核发全国名特优新农产品证书。

全国名特优新农产品证书长期有效,并实行年度确认制度,逾期未进行年度确认的登录产品将自动退出全国名特优新农产品名录。证书持有人在年度有效期满 30 日前,收集登录产品当年的产品品种、生产地域、生产规模、年商品量、营养品质特征、主要生产单位等年度信息,自行登录电子信息系统申请年度确认。自获证之日起,每 3 年(每隔 2 年)提交一次独特性营养品质评价鉴定报告。因品种或生产方式调整导致独特性营养品质特征发生明显变化的,证书持有人应当及时提交新的独特性营养品质评价鉴定报告。

年度确认电子信息经地市级工作机构审核和省级工作机构确认后,电子信息系统自动生成全国名特优新农产品年度确认文书,由证书持有人自行下载打印。省级工作机构按季度将本地区、本行业的年度确认信息报国家中心备案公告。全国名特优新农产品证书原件与年度确认文书共同作为全国名特优新农产品登录证明材料。

(五)使用与收回

全国名特优新农产品名录产品辖区内符合规定要求的产品,经证书持有人审核同意,可在其产品包装上标注"全国名特优新农产品"

字样。

县级以上农业农村部门农产品质量安全(优质农产品)工作机构加强对获证全国名特优新农产品的跟踪管理。县级工作机构加强对获证产品生产经营情况的日常巡查,地市级工作机构结合年度确认工作,开展现场核查和检查督导。省级工作机构负责组织实施对本地区、本行业获证产品的跟踪检查和独特营养品质稳定性跟踪评价。国家中心根据需要组织开展全国名特优新农产品独特营养品质跟踪稳定性抽检工作。独特营养品质稳定性跟踪评价和跟踪抽检报告可用于年度确认。

获证产品出现重大产品质量安全问题或者不再符合全国名特优新农产品登录条件的,由省级工作机构确认后以正式文件报国家中心注销名录,收回全国名特优新农产品证书。

(六)各级职责

(1)县级工作机构作为名录登录申请主体;

(2)地市级工作机构对真实性和可靠性进行确认;

(3)省级工作机构对符合性和代表性进行确认;

(4)部中心对完整性和产品地域独特性进行审查和技术确认。

第三章

农产品质量安全生产技术

绿色优质农产品是以生态农业技术为基础，执行一整套系统技术、操作规程生产的生物产品。农产品质量安全生产技术是绿色优质农产品质量、产量和效益的基本保证，农产品质量安全生产技术标准指为保证农产品质量安全，种植、养殖、培养和加工各个环节必须遵循的技术规范。威胁农产品质量安全的污染物主要有：微生物、生物毒素、环境污染物、重金属、农药残留、兽药残留、饲料添加剂等。因此概括地说，农产品质量安全的关键技术是农业生产环境质量的优化与控制。

▶ 第一节　绿色优质农产品生产种植技术

一　产地环境的要求

关于绿色优质农产品产地环境要求和有机农产品产地环境要求，本书第二章已有详细介绍。

二　绿色优质农产品生产技术

（一）绿色优质农产品施肥技术

1.改良土壤、培肥地力

绿色优质农产品施肥以改良土壤、培肥地力为主要目的，施肥应以下列类型有机肥料为主：腐熟的农家肥、生物菌肥及一些微量元素肥料

等。这类有机肥料多以基肥方式施用为宜。

2.有机肥为主、化肥为辅

施肥有以下原则:以有机肥为主,其他肥料为辅;以多元复合肥为主,单元素肥料为辅;以施基肥为主,追肥为辅。生产有机产品、AA 级绿色食品只可补充微量元素和一些准许施用的物资,而不允许施用其他任何化肥;生产 A 级绿色食品,也应尽量限制化肥的施用,如确实需要,可以有限度、有选择地根据配方施用部分化肥。

3.测土施肥、动态平衡

为降低污染,充分发挥肥效,应实施配方施肥,即根据植物营养生理特点、吸肥规律、土壤供肥性能及肥料效应,确定有机肥、氮、磷、钾及微量元素肥料的适宜量和比例,以及相应的施肥技术,做到因田制宜。

4.发酵还田

发酵还田是通过自然微生物作用,使各种有机废弃物腐烂、分解,作为有机肥施入大田。我国传统农业中堆肥、沤肥及沼气肥都属于这种方式。

(二)绿色优质农产品病虫害综合防治技术

1.农业防治

1)选育和利用抗性品种

种植抗性品种是最经济有效的农业措施。抗性品种合理利用的途径有:将不同遗传背景品种多样性种植,例如抗性品种与一定比例的感病品种混合种植,不同抗性机制品种轮作、镶嵌式种植等,以降低病原物发生变异的风险。

2)建立合理的耕作制度

通过轮作和间作进行合理的作物布局,调节播种期和收获期。

3)加强田间管理

作物生长过程中需要实施以防治有害生物发生为目的的田间管理,如合理密植、加强水肥管理、保持田园卫生、调控生长环境等。

2.生态防治

生态防治是从生态学观点出发,通过实施不同种植模式、不同耕作制度、农田景观多样性、生草保护自然天敌等措施,提高田间生物群落多样性指数,确保农田有益物种丰富度的维持,进而实现植物有害生物的可持续治理。

毒杀害虫:用某些害虫嗜食但有毒的作物诱杀害虫。如日本丽金龟能取食实际上对它有毒害作用的七叶树和天竺葵的花而死亡。

引诱害虫:一些植物对害虫有引诱作用,利用这个特性可将害虫诱集,集中灭杀。如棉田中适当栽种一些玉米、高粱,有诱集棉铃虫产卵的作用。

促进天敌种群建立:许多寄生蜂早期因找不到寄主而死亡,在虫害发生时,其由于天敌的基数低而不能充分发挥作用。一些捕食性天敌在早期也有滞后的现象,为避免天敌和害虫发生时间脱节,利用陪植植物可使作物上的天敌得到大量补充,从而起到与害虫同步发展"以益灭害"的作用。

驱除害虫:有些植物因含有挥发性油、生物碱和其他一些化学物质,害虫不但不取食这些植物,反而远而避之,这就是忌避作用。如除虫菊、烟草、薄荷、大蒜等对蚜虫都有较强的忌避作用。

3.生物防治

生物防治运用自然界生物之间相生相克的原理,人为地增大原本在自然界存在的对病虫草害有相克作用的生物,用来控制有害生物的危害,故具有较小的环境风险,是一种对环境友好的植物保护技术。

1)害虫天敌的利用

害虫的天敌主要有青蛙、七星瓢虫、草蛉、赤眼蜂、小花蝽、黄缘步行虫、寄生蝇等,要注意保护这些昆虫,发挥天敌对害虫的抑制作用。

2)生物化学农药

信息素类:信息素是植物或动物释放的化合物,它们能改变相同种类或不同种类靶标生物的行为。常见的有二化螟性诱剂、斜纹夜蛾性诱剂、地中海食蝇引诱剂、绿盲蝽性信息素、梨小性迷向素等。

激素类:激素是生物体内合成的具有控制、调节或改变生物行为的生物化学物质。应用较多的有拟保幼激素,登记用于防治害虫的有苯氧威、烯虫酯、烯虫乙酯、烯虫炔酯。

天然植物生长调节剂:天然植物生长调节剂是对同种或其他种植物具有抑制、刺激或其他调节作用的生物化学物质。主要有生长素、赤霉素及赤霉素衍生物、细胞分裂素、脱落酸、乙烯等。生产上应用较多的有吲哚乙酸、β-萘乙酸、赤霉素、玉米素、激动素、腺嘌呤、苯甲酸、没食子酸、肉桂酸、脱落酸等。

酶抑制剂类:酶抑制剂是一类可以与酶结合并降低其活性的分子。由于其抑制了特定酶的活性,所以可以杀死病原体或造成机体新陈代谢的不平衡。许多酶抑制剂被用作生物农药,例如萎锈灵、氟酰胺、灭锈胺、噻呋酰胺、吡噻菌胺、啶酰菌胺、氟吡菌酰胺等。

4.物理防治

应用各种物理因子,如光、电、色、温度、湿度及机械设备来防治有害生物的方法,称为物理防治法。物理防治的特点是见效快,副作用小。一些物理防治方法具有特殊的作用,例如能杀死隐蔽的害虫。

(1)灯光诱杀:利用害虫的趋光性对其进行诱杀,广泛应用于害虫诱集。例如黑光灯可与性诱剂结合或在灯旁加高压电网,或与20W日光灯并联,能提高诱杀效果。

(2)潜所诱集:利用害虫的潜伏习性,营造各种适合引诱害虫潜伏的场所,然后将害虫及时消灭。例如树干束草、包扎麻布诱集梨星毛虫、梨小食心虫等越冬幼虫。

(3)黄板诱蚜:黄板诱蚜是利用蚜虫的趋黄习性,设置黄色黏虫板或黄带来诱集蚜虫等。

(4)食饵诱杀:食饵诱杀是利用害虫和害鼠对食物的趋化性,通过配制适当的食饵来诱集或诱杀害虫和害鼠,例如配制糖醋液可以诱杀小地老虎和黏虫成虫、利用新鲜马粪可诱杀蝼蛄等。

此外,还可利用温度、氧气、辐射等条件进行物理防治。

5.化学防治

科学使用农药是化学防治的关键。化学防治就是利用化学农药防治有害生物,主要是利用杀虫剂、杀菌剂、除草剂、杀鼠剂等来防控有害生物。

1)安全施药

对施药人员的要求:施药人员应身体健康,经过一定的技术培训,具有安全用药及安全操作的知识;施药时需穿着防护服;工作状态下严禁旋松或调整任何施药器械部件,以免药液突然喷出伤人;施药作业结束后,作业人员要用大量清水和肥皂冲洗,应将防护服清洗干净并与日常穿戴的衣物分开。

对施药天气的要求:应选择气象状况良好的天气施药,田间温度、湿度、雨雾、光照、气流等气象因素对施药效果影响很大,雨天及风力大于3级条件下应避免施药;高温天气不宜施药,这是因为农药挥发量增加易引发施药人员中毒;严寒天气不宜施药,这是因为病菌和害虫处于"越冬"状态,药效不容易发挥作用。

对施药时间的要求:夏季高温天气的最佳喷药时间段是早上(露水干后)和傍晚;春秋凉爽季节应该选择在上午9点之后至下午2点之前喷药;冬春严寒季节一定要选择温度回升、气候温暖的时候喷药。

规范施药操作:喷雾作业时应尽量采用低容量的喷雾方式,把施药液量控制在300 L/hm²以下。喷雾作业时的行走方向应与风向垂直,最小夹角不小于45°,喷雾作业时要保持人体处于上风方向,实行顺风、隔行前进或退行,避免在施药区穿行,严禁逆风喷洒农药。

2)精准选药

购买农药时要确定防控的病虫害种类,明确主治什么、兼治什么,然后才能选择农药品种。购买时要认真识别农药的标签和说明,凡是合格的商品农药,其标签和说明书上都会标明农药品名、有效成分含量、注册商标、批号、生产日期、保质期,有"三号"(农药登记证号、生产批准证号和产品标准号),而且附有产品说明书和合格证。凡是粉剂、可湿性粉剂、可溶性粉剂有结块现象,水剂有浑浊现象,乳油不透明,颗粒剂中粉末过

多等现象,其均属失效农药或低劣农药,大家不要购买。

3)科学用药技术

对症下药,提高防治效果:要认准病虫害的种类,确定重点防控对象,有针对性地使用农药,并根据病虫害发生期、发生程度选择合适的农药品种和剂型,确保防控效果,这是实现无公害防治的关键。

掌握防治时机,适时合理用药:适时用药是控制病虫害发生、保护有益生物、防止药害和避免农药残留的有效途径。要关注病虫害预测预报,同时充分考虑所用农药的性能、作物生长情况,把三者关系协调好,抓住防治的最佳时期,准时防治。若想用最少量的药剂达到最好的防治效果,就必须把握用药的火候。

掌握有效用药量,适量用药:要按照农药使用准则,严格执行在各种农作物上的使用品种、剂型、剂量、施药方法和频次等,绝不能滥用农药品种和随意增加用量与药液浓度。按照农药说明书推荐的使用剂量、浓度准确用药配药,不能为追求高防效随意加大用药量;若用药量超过限度,农药的作用效果反而会变差,并容易出现药害。

选择合适的施药方式:要根据病虫在作物上危害的具体部位喷施农药。同时,不同农药剂型的施药方法不同,乳油、可湿性粉剂、水剂常以喷雾为主,颗粒剂常以撒施或深层施药为主,粉剂常以撒毒土为主,内吸性强的药剂可采用喷雾、泼浇、撒毒土法等。

轮换交替使用不同种类的农药:长期连续使用一种农药或同类型的农药,极易导致病虫产生抗药性,降低防治效果。根据病虫特点,选用几种作用机制不同的农药交替使用,如选用生物农药和化学农药交替使用等,既有利于延缓病虫的抗药性产生,达到良好的防治效果,又可以减少农药的使用量,降低农药残留。

合理进行农药的混用:几种病虫害混合发生时,为节省劳力,可以将几种农药混合使用。合理地混用农药,可以扩大防治范围,提高防治效果,并能防止或延缓病菌、害虫、杂草产生抗药性。混用农药时须注意,混合后不能产生物理和化学变化,农药混合后对作物无不良影响,农药混合后无减效作用,农药混合后毒性不能增加。

使用高效、新型施药器械:使用高效、新型施药器械防治蔬菜病虫害是农产品安全生产的关键环节。目前农业人员使用的植保器械,尤其是手动喷雾器存在"跑、冒、滴、漏"等问题,造成农药浪费、污染环境和作业人员施药中毒。要改用低容量、细雾滴药械喷洒等高效新型施药器械防治病虫害。

严格遵守安全间隔期要求:农药的安全间隔期是指农产品最后一次施药时间距安全收获时的天数。根据不同作物种类、农药品种及使用季节,农药的安全间隔期不同,一般情况下,蔬菜安全间隔期一般为3~7天,而在秋、冬季使用时,间隔期还要长。

高毒农药的管理:为保障农产品质量安全、人畜安全和生态环境安全,有效预防、控制和降低农药使用风险,我国对农药的监管越来越严,农业农村部及相关主管当局陆续发布了禁用(停用)和在部分范围禁止使用的农药产品清单。依据2022年3月16日《中华人民共和国农业农村部公号》(第536号),我国目前已禁用(停用)50种农药,在部分范围禁止使用20种农药,见表3-1。

表3-1 在部分范围禁止使用的农药(20种)

通用名	禁止使用范围
甲拌磷、甲基异柳磷、克百威、水胺硫磷、氧乐果、灭多威、涕灭威、灭线磷	禁止在蔬菜、瓜果、茶叶、菌类、中草药材上使用,禁止用于防治卫生害虫,禁止用于水生植物的病虫害防治
甲拌磷、甲基异柳磷、克百威	禁止在甘蔗作物上使用
内吸磷、硫环磷、氯唑磷	禁止在蔬菜、瓜果、茶叶、中草药材上使用
乙酰甲胺磷、丁硫克百威、乐果	禁止在蔬菜、瓜果、茶叶、菌类、中草药材上使用
毒死蜱、三唑磷	禁止在蔬菜上使用
丁酰肼(比久)	禁止在花生上使用
氰戊菊酯	禁止在茶叶上使用
氟虫腈	禁止在所有农作物上使用(玉米等部分旱田种子包衣除外)
氟苯虫酰胺	禁止在水稻上使用

禁用(停用)的农药有六六六、滴滴涕、毒杀芬、二溴氯丙烷、杀虫脒、二溴乙烷、除草醚、艾氏剂、狄氏剂、汞制剂、砷类、铅类、敌枯双、氟乙酰胺、甘氟、毒鼠强、氟乙酸钠、毒鼠硅、甲胺磷、对硫磷、甲基对硫磷、久效磷、磷胺、苯线磷、地虫硫磷、甲基硫环磷、磷化钙、磷化镁、磷化锌、硫线磷、蝇毒磷、治螟磷、特丁硫磷、氯磺隆、胺苯磺隆、甲磺隆、福美胂、福美甲胂、三氯杀螨醇、林丹、硫丹、溴甲烷、氟虫胺、杀扑磷、百草枯、2,4-滴丁酯、甲拌磷、甲基异柳磷、水胺硫磷、灭线磷。

注:溴甲烷可用于"检疫熏蒸处理"。杀扑磷已无制剂登记。甲拌磷、甲基异柳磷、水胺硫磷、灭线磷,自 2024 年 9 月 1 日起禁止销售和使用。

▶ 第二节 绿色优质农产品生产养殖技术

一 畜禽养殖技术

(一)牧场场地选择

场地选择时,不仅要考虑生产任务、人们消费观念、消费水平,还要考虑国家和地方的畜禽生产布局规划和政策、环境条件和可利用资源等。

1.自然条件

对于地形地势而言,牧场应当选址在地势较高、干燥平坦、排水良好、向阳背风的地方。在平原地区,牧场应当选址在地势稍高地方,利于排水;在靠近河流、湖泊的地区,应当充分查阅水文资料,牧场选址于高于最高水位线 1 m 以上的地方,以防牧场被淹;在山区牧场应当选址于缓坡向阳处,总坡度不大于 25%,须避开滑坡、塌方、断层地带,也应避开谷底、风口。另外,还应当考察土地的承载力,以降低建筑成本,同时确保建筑的安全稳定。

水源水质对于养殖的生产成绩和畜禽产品的品质非常重要。要保证场址所在地水量充沛,须提取水样,对其物理、化学、生物污染等方面进行化验分析,确保水质安全,适合于动物饮用。

拟建地区的气候条件是影响牧场建设的重要的环境因子。年均气温、风向、风力、日照情况与牧场的建设、防寒保暖设施、方位、朝向、间距均有关系,需调查掌握。

2.社会条件

牧场场址应当尽可能地接近饲料产地,靠近产品销售地,还需有便利的交通条件,利于饲料和畜禽产品的运输。按照标准,牧场应当距离居民区 1 000 m 以上,距离国道 500 m 以上,距离省道 300 m 以上,距离其他道路 100 m 以上。

牧场还涉及照明、取暖、孵化、机械运转等,需要绝对保障电力供应,必要条件下需自备发电机,以备不时之需,避免因断电而造成损失。

为防止牧场受到周围环境的污染,选址时应当避开居民区的污水排出口,不选址在化工厂、屠宰场、制革厂等容易产生污染物的企业的下风向或附近。不同牧场,尤其是具有共患传染病的畜禽品种,两场之间要保持安全距离。另外,牧场需选址在居民区的下风向,以免臭气污染影响居民生活。

(二)畜禽场规划设计

安全的防疫卫生条件和减少外部环境污染是现代畜禽场规划建设和生产经营面临的首要问题。一要根据不同畜禽场的生产工艺要求,结合气候条件、地形、周围环境特点,因地制宜,做好功能区划分,创造出经济合理的生产环境。二要充分地利用原有的自然地形、地势,建筑物长轴尽可能顺场区的等高线布置,尽可能地减少土方工程和建设费用。三要合理组织场内、外人流和物流,最大限度地降低劳动强度,避免交叉污染,确保高效生产。四要确保建筑物有良好朝向,满足采光和通风的要求,并保证有足够的防火距离。五要利于畜禽粪污及其他废物的处理,确保符合清洁生产的要求。由上风向到下风向及地形由高到低方向,牧场应当包括生活管理区、辅助生产区、生产区、隔离及粪污处理区。

（三）饲料安全与控制

饲料是动物机体维持正常生命活动和生产产品所必需的物质。饲料安全和卫生直接关系到被饲喂动物的健康和生产性能,同时也影响动物产品的品质和安全,间接影响人们的食品安全和健康。饲料生产加工、运输、保存等过程中,残留、混入的各种有害物质会导致饲料污染。饲料污染包括生物污染和化学性污染。生物污染主要包括霉菌与霉菌毒素、细菌与细菌毒素。化学性污染主要包括重金属污染、农药污染、抗生素等药物污染。它们均可导致畜禽产品的质量安全问题,必须加以控制消除,确保人们的食品安全与健康。

1.饲料霉菌及其毒素污染控制

霉菌在自然界中分布广泛,种类繁多,能产生毒素的霉菌有 30 多种。霉菌毒素对动物有很强的毒副作用,即使其在饲料中的浓度很低,也会导致动物生长受阻、繁殖性能下降、免疫功能受损。另外,霉菌毒素会进入动物组织器官及产品中,危害人类健康。在饲料生产过程中,一要将饲料及其原料充分干燥,水分需在14%以下;二要将饲料产品包装密封好,运输过程中避免雨淋,保存环境需通风、阴凉、干燥;三要在生产过程中尽可能地去除发霉的饲料原料;四要将毒素超标的饲料原料通过化学脱毒法、生物脱毒法等措施进行脱毒处理,另外还可通过添加蒙脱石、膨润土、酵母细胞壁、活性炭等具有很强吸附作用的吸附剂进行物理吸附,降低霉菌毒素的危害。

2.病菌污染及其控制

沙门氏菌等病菌感染动物后可以经过交叉而感染人,因此对人的危害很大,应当加以控制。病菌污染途径主要为水和饲料。因此,水源应当充分地消毒杀菌。在饲粮加工生产、运输、保存、饲喂各个环节,应当采取一定的措施对病菌进行控制。一是优选饲料原料,对饲料原料的生物安全性进行检测,确保不用带病菌的动物性饲料原料;二是可通过加热的方法杀灭饲料及其原料中的有害菌;三是运输、保存的过程中防止蟑螂、老鼠、猫等动物的侵入,避免造成污染;四是在饲料中加入有机酸,其可通过降低饲粮的 pH 来有效地控制病菌。

3.农药污染与控制

农药在农业生产中被广泛应用,通过大气、土壤、水体污染饲料,造成动物中毒、死亡,并可污染畜禽产品,最终导致人中毒,如日本的"米糠油事件"。因此,人们需要控制饲料农药污染,保障动物产品的安全性。一是在饲料原料生产过程中,用低毒、低残留、易分解的农药;二是检测饲料原料,使用未受农药污染的饲料原料。

4.重金属污染与控制

污染饲料的重金属通常为镉、铅、汞、砷等生物毒性大的元素。它们在饲料中含量很低,甚至是微量的情况下就可对动物产生毒害作用。它们进入动物体内后不会分解,不易被人察觉,而且在动物体内能够富集,通过食物链进入人的体内危害人类健康。可通过如下措施预防饲料重金属污染:一是禁止使用含有有毒重金属的农药、化肥;二是不用含有铅、镉等有毒重金属的饲料加工设备和包装器具;三是严格检测控制饲料中的有毒重金属含量,加强饲料卫生监督检测工作。

5.药物添加剂污染及控制

饲料添加剂是为了满足动物的营养需求等而向饲料中添加的少量或微量的物质,是配合饲料的核心,对于促进动物生长、保障动物健康都具有重要的作用,是现代畜禽生产的重要组成部分。但是,一些饲料添加剂的不规范使用,甚至是滥用会导致动物性食品中药物残留超标。比如,饲料中添加抗生素可以提高动物生长速度和饲料转化效率,降低动物发病率,但滥用会导致动物产品中抗生素残留,危害人类健康。为此,我国已在 2020 年颁布了《中华人民共和国农业农村部公告》(第 194 号),禁止饲料中添加抗生素。另外,"瘦肉精"等类激素或激素类的添加剂尽管可提高动物生产效率,但其残留在动物产品中导致的食品安全问题十分突出,因而已经被禁止在畜禽生产中应用。因此,在动物生产过程中,一要加强饲料相关法律法规的宣传学习,坚决不用明文禁止的添加剂;二要严格地按照饲料添加剂安全使用规范的规定,正确使用饲料添加

剂;三要用酸化剂、酶制剂、中草药添加剂等绿色安全的饲料添加剂,取代有安全风险的添加剂,确保动物生产和健康的同时保障动物产品安全。

(四)畜禽疾病的综合控制措施

保障动物健康,一方面可以提高动物的生产效益,另一方面可以避免药物治疗带来的动物性产品的污染,也可有效避免有害微生物对动物产品的污染。提高动物的抗病和健康水平除了选用抗病力强的动物品种,还可在以下几方面开展工作。

1.确保饲料营养与质量

优选饲料原料,保障原料的质量,根据动物的需求设计营养均衡的饲料配方,充分满足动物的营养需求。另外,可在饲料中添加维生素 C、维生素 E 等能提高动物免疫功能、抗应激能力和抗病能力的功能性添加剂,保障动物健康。

2.加强动物饲养管理

做好养殖环境的生物安全工作,对进出人员和物品做好消毒工作,定期对环境进行消毒,保障环境卫生条件。避免过高的养殖密度,保证通风和光照,提供适宜动物的温度和湿度环境。采用全进全出的生产模式。对于发病动物,及时进行隔离治疗,避免交叉感染导致大面积疫病。通过药物治疗后康复的动物须待药物代谢完全后方可上市销售。

3.做好免疫接种

接种疫苗是畜禽生产中健康管理的重要措施,保障动物健康的重要途径。养殖过程中应当关注疫情情况,根据疫情流行情况和畜禽健康状况,制定科学合理的免疫接种程序,严格按照程序接种疫苗,并保障接种工作有效开展,避免漏接疫苗或疫苗失效情况。

4.做好驱虫

皮肤、肠道中的寄生虫限制动物生长速度,影响动物健康水平。在生产过程中,应当根据实际情况做好驱虫工作,并根据动物出栏计划规划好驱虫时间,避免驱虫药对动物产品造成污染。

二 水产品养殖技术

(一)生产区域的位置及采集区的选择

我国是水产资源较丰富的国家之一,适宜人工养殖鱼、虾、蟹、贝类、藻类。近几年工农业迅速发展,很多区域受到不同程度的污染,因此在确立养殖和采集水产品水域时,应该特别注意其周边的环境与水体情况。

养殖区要求:①水源充足,常年有足够的流量;②水质符合国家《渔业水域水质标准》;③附近无污染源(工业污染、生活污染),生态环境良好;④池塘进、排水方便;⑤海水养殖区应选择潮流畅通、潮差大、盐度相对稳定的区域,注意不得靠近河口,以防污染物直接进入养殖区造成污染,以及洪水期在淡水冲击下盐度大幅度下降,从而导致鱼虾死亡;⑥水温适宜,5月至10月一般在15~30 ℃,根据不同养殖对象灵活掌握;⑦交通方便,有利于水产品苗种、饲料、成品的运输。

采集区:根据保护周围的水环境和陆地环境的原则确定生产区域的位置。从未受污染的、稳定的、可持续发展的区域可以确定为水产品采集区,在这一区域可采集野生、固定生物。

(二)水产品养殖管理技术

1.选择品种和育种

有机水产品除选择高产、高效益的品种外,还应考虑对病害的抗御能力,尽量选择适应当地生态条件的优良品种。为了避免近亲繁殖和品种退化,有条件的有机水产养殖场可以选用大江、大湖、大海的天然苗种为养殖对象。

水产养殖人工育苗,应在尽可能的低投入条件下,以获得具有较快生长速度的优质种苗为宗旨。育种时应遵循以下几项原则。

(1)亲本培育。亲本池应建在水源良好、排灌方便、无旱涝之忧、阳光充足、环境安静、不受人为干扰的地方。亲本放养密度、雌雄比例要合理

恰当;要根据养殖对象的生物学特性,投喂适口饵料和营养全面的配合饲料。创造适合养殖对象繁殖所需的生态环境,尽可能使其自行产卵、孵化。

(2)杂交制种。利用不同品种或地方种群之间的差异进行杂交,其子一代生长性能通常好于亲本,但必须养殖在人工能完全控制的水体中。其成体只供食用,不可留种,因为二代性状分离十分严重,丧失了杂交优势。也不可放养或流失于江河湖泊中,以免"污染"自然种群的基因库。

2.养殖池塘清塘

苗种放养前需先进行池塘修整和用药物清塘,主要目的是:①杀死有害动物和野杂鱼,减少敌害和争食对象;②疏松底土,改善土层通气条件,加速有机物转化为营养盐类,增加水体的肥度;③杀死细菌、病原体、寄生虫及有害生物,减少病害的发生。

清塘一般在收获后进行,先排干塘水,池塘暴晒数日后挖出多余的淤泥,耕翻塘底,再暴晒数日,平整塘底,同时修补堤沟。放苗前7~15天用药物清塘。清塘药物的种类、使用方法和清塘效果见表3-2。

表3-2 清塘药物的种类、使用方法和清塘效果

种类	每公顷用量	使用方法	清塘效果	药效消失时间(天)
生石灰	水深5~10 cm,750~1 125 kg;水深1 m,1 875~2 250 kg	将生石灰倒入池四周小坑内加水溶化,随即向全池泼洒,翌日在浅水池将石灰浆与淤泥充分混合以提高药效	①杀死野杂鱼、蛙卵、蝌蚪、蚂蟥、蟹、水生昆虫及一些水生植物、寄生虫和病原菌;②使池水呈微碱性;③增加钙肥,促使淤泥释放氮、磷、钾养分;④提高池水碱度、硬度,增加缓冲能力	7~10(深水池时间略长)
茶粕	水深15 cm,150~180 kg;水深1 m,600~750 kg	将茶粕捣碎后用水浸泡一昼夜,连渣带水全池泼洒	杀死野杂鱼、蛙卵、蝌蚪、螺、蚂蟥和部分水生昆虫,毒杀力较生石灰稍差	5~7

续表

种类	每公顷用量	使用方法	清塘效果	药效消失时间(天)
茶粕、生石灰混合	水深 1 m,茶粕 525 kg,生石灰 675 kg	将浸泡好的茶粕倒入生石灰水内,搅匀后全池泼洒	兼有茶粕和生石灰两种药物的效果	7
漂白粉	水深 5～10 cm,75～150 kg;水深 1 m,202.5 kg	将漂白粉加水溶解后立即全池泼洒	杀死野杂鱼和其他有害生物的效果与生石灰无异,但无改良水质和肥水作用	4～5
巴豆	水深 0.3 m,22.5 kg;水深 1 m,45 kg	捣碎后装入坛内,用3%盐水浸泡,2～3 天后加水稀释全池泼洒	能杀死大部分野杂鱼,但不能杀灭蛙卵、蝌蚪、水生昆虫、寄生虫、病原菌等	7

3.饲料及营养供应

水产养殖对象的营养应主要来源于产地和无污染的草场、矿区、水域。饲料和饵料既要保持水产养殖对象所需的营养成分,又要避免农药残留、兽药残留、病原体及其他有害物质的传入。

饲料来源基本上与有机畜禽生产所用饲料来源相同,有机畜禽生产所用饲料适用于有机水产品生产。应该根据生物的营养需求水平平衡生物的饲料,水生生物的饲料应该含有 100%的有机认证的材料或野生饲料。如果没有有机认证的材料或野生饲料,认证机构可以允许最高5%的饲料来自常规系统。不适合人类消费的有机认证的副产品和野生海洋产品可以用作饲料配料。只要矿物添加物质是天然形态,认证机构就可以允许使用。饲养生物时允许天然的摄取行为,尽量减少食物流失到环境中。

4.饲料添加剂

在有机水产品生产中,人工合成的生长促进剂和兴奋剂、开胃剂、抗氧化剂和防腐剂、着色剂、尿素,从同种生物来的材料,用溶剂(如乙烷)提

取的饲料、纯氨基酸、基因工程生物或产品等产品不能作为添加剂或以其他任何方式提供给生物。

5.池塘施肥技术

施肥可培养天然饵料,施肥能培养浮游植物、腐生性细菌,通过食物链可满足各种食性养殖种类的饵料需要;可改善养殖生物的环境条件,施用钙肥能改善水的硬度和 pH;施肥刺激了浮游植物的发育,加强了光合作用,与此同时,浮游植物吸收了水中的氮,释放出氧气,可改善养殖水产生物的环境条件;可促进水域中的物质循环,施肥满足了细菌的营养需要,增加了细菌的数量,加强了细菌的生命活动,因此促进了水域中的矿化作用、硝化作用和固氮作用,也就加速了水域中的物质循环;肥料可为养殖动物直接利用,施有机肥时,肥料的一部分能以腐屑或菌团的形式直接为养殖动物提供饵料。

保证施肥肥效的条件。接受施肥的水域,其水质应呈中性或弱碱性且强度较高,否则施肥效果差。应先进行石灰处理;池塘底质宜为壤土或沙壤土,沉积物不宜堆积过深(以 10 cm 左右为宜);因黏土或腐殖质悬浮过多而浑浊(致使透明度低于 30 cm)的水域,施肥效果不好,应先解决浑浊问题;水草过多的水域施肥(培育浮游植物)效果差,应先清除水草;施肥水域的水,变换不能太快,交换一次的时间要在 4 周以上。肥料使用时,要腐熟、消毒、杀菌。禁止使用未经处理的生活污水。

6.水产养殖疾病的预防与防治

水产养殖主要通过对养殖对象进行健康养殖与采取预防养殖措施防治疾病发生和发展。

(1)水产养殖疾病的预防:因为水生生物主要生活在水中,不易发现疾病,又不易治疗,因此,应以预防和防止疾病传染为主。同时,由于疾病的发生与其本身的抗病力、病原的存在和不良的环境条件有着密切的关系,所以预防工作必须贯穿于养殖全过程。

首先应从各项管理措施和不同的环境条件出发,全面考虑病原的预防问题,其措施主要包括:抓好池塘的清淤、清池和药物消毒工作,这是防病的重要环节。

①实行苗种消毒,减少病原体的传播,控制放苗密度,掌握准确的投苗数量,为养成期的科学投饲管理打好基础。

②加强水质的监测和管理,坚持对养殖用水进行定期监测,包括水温、盐度、酸碱度、溶解度、透明度、化学耗氧量、有害物病原体等,发现问题及时采取防范措施。

③定期投放药饵,提高养殖对象的抗病能力。

④改革养殖方式和方法,开展生态防病。如稻田养鱼、养蟹、养蛙;虾鱼、虾贝、虾藻混养和放养光合细菌等,净化和改善水质。

⑤加强疾病的检测工作,早发现早治疗,切断病菌的传播途径,以防蔓延。

(2)有机水产品养殖疾病的防治:疾病防治用药应严格按照有机标准,禁止使用对人体和环境有害的化学物质、激素、抗生素;禁止使用预防性的药物和基因产品;提倡使用中草药及其制剂、矿物源头渔药、动物源头药物及其提取物、疫苗及微生物制剂;严禁任何形式的去势。

7.有机水产品的捕捞

有机水产品的捕捞,尽可能采用网捕、勾钓、人工采集方法。禁止使用电捕、药捕等破坏资源、污染水体、影响水产品品质的捕捞方式和方法。

第四章　农产品中主要危害因子概述

影响农产品质量安全的危害因子来源主要包括：①产地环境。如土壤中的铅、镉、汞、砷等重金属元素，六六六、滴滴涕等持久性有机污染物；养殖环境中的氨气、一氧化碳、甲烷，以及水体中的抗生素、洗涤剂、重金属元素等。②种植、养殖过程。如不合理使用或非法使用农药、化肥造成的残留污染；致病微生物包括真菌毒素引起的污染，如黄曲霉毒素、赤霉素等；导致人畜共患疾病的细菌和病毒，如沙门氏菌、禽流感病毒等。③保鲜包装储运。如不合理或非法使用保鲜剂、催熟剂，以及包装运输材料中含有有毒有害化学物质等产生的污染。④农业新技术。包括转基因农产品、新型投入品的引进，新型加工工艺等可能造成的危害。

▶ 第一节　农产品中农药残留

一　农药残留的概念

农药残留指由于农药的应用而残存于生物体、农产品和环境中的农药亲体及具有毒理学意义的杂质、代谢转化产物、反应物等所有衍生物的总称。这里所指的农药杂质包括无效异构体和农药合成过程中产生的有害产物，如有机氯杀虫剂六六六等。凡具有毒理学意义的农药杂质和降解产物都属于农药残留的范畴。

二 农产品中农药残留的来源

农药残留的来源包括:①直接污染。农药直接应用于农作物和畜禽。②间接污染。土壤、水、空气等环境中的农药向农产品的转移与蓄积。③生物富集和食物链。农药通过食物链向高一级生物体的转移与富集。④农产品贮藏、储运过程中,保鲜剂、防腐剂和食品添加剂的使用。

三 农药残留的类别

为防控农作物种植过程中的病虫害侵袭,农药被广泛应用于农业生产中。农药的使用对农产品增产,农产品质量提升,人、畜健康和农业可持续发展起到了重要作用,但是不合理的使用会导致农药在农产品和环境中残留,会对人体健康和生态环境造成潜在的威胁。根据施用对象农药可分为杀虫剂、杀菌剂和除草剂,见表4-1至表4-3。

1.杀虫剂

表4-1 杀虫剂类型及代表性产品

杀虫剂类型	代表性产品
有机氯杀虫剂	滴滴涕、六六六
有机磷杀虫剂	敌敌畏、对硫磷
氨基甲酸酯类杀虫剂	克百威、异丙威
拟除虫菊酯类杀虫剂	氰戊菊酯
其他含氮杀虫剂	甲脒、吡虫啉

2.杀菌剂

表4-2 杀菌剂类型及代表性产品

杀菌剂类别	代表性产品
有机硫杀菌剂	克菌丹、代森锰锌
取代苯类杀菌剂	百菌清、五氯硝基苯
有机磷杀菌剂	敌瘟磷、异稻瘟净
杂环类杀菌剂	菌核净、多菌灵

3.除草剂

表4-3　除草剂类型及代表性产品

除草剂类型	代表性产品
苯氧羧酸类除草剂	2,4-滴、禾草灵
二苯基醚类除草剂	氟除草醚、草枯醚
酰胺类除草剂	敌稗、乙草胺
苯脲类除草剂	敌草隆
磺酰脲类除草剂	甲磺隆、苄嘧磺隆
三氮苯类除草剂	莠灭净和莠去津
环状亚胺类除草剂	噁草酮、氟烯草酸
其他除草剂	甲氧咪草烟、灭草松

四　农药残留的危害

(一)对农产品质量的危害

化学农药的不合理使用是导致农产品中农药残留超标的重要原因。由于农业生产者长期使用同一品种的化学农药，缺乏轮换用药知识，造成农作物病虫草害抗药性增强，使得生产者不断加大农药使用量与施药次数，导致部分农产品出现农药残留超标现象，进而威胁到农产品的质量安全。

(二)对生态环境的危害

土壤是农药的集散地，人们防治病虫草害时使用的农药大部分归趋到了土壤中，可能影响下茬作物的安全生产。并且漂移和径流作用也影响空气和水体质量。同时，农药的使用会对害虫与天敌都有不同程度的杀伤，从而破坏了害虫与天敌昆虫、蛙类、蛇类等之间的生态平衡。

(三)对人体健康的危害

农药残留直接通过农产品或水、大气到达人、畜体内，或通过环境、食物链传递给人、畜。食用含有大量高毒、剧毒农药残留的食物会导致人、畜急性中毒。长期食用农药残留超标的农副产品，虽然不会导致人的急性中毒,但可能引起人的慢性中毒,导致疾病的发生,甚至影响下一代。

五 农药残留的防控措施

(一)农药科学使用

可参见第三章第一节相关内容。

(二)土壤原位修复

污染土壤的修复主要通过以下 3 种途径实现:①降低污染物在土壤中的含量;②通过固化或钝化作用改变污染物的形态从而降低其在环境中的活性;③从土壤中永久去除污染物。目前,这 3 种途径所采用的污染土壤处置技术与修复方法主要分为物理修复法(换土法、电动力修复技术)、化学修复法(土壤淋洗、萃取法)及生物修复法(微生物修复、植物修复)。

(三)去除农药残留

水洗是清除果蔬表面污物和去除农药残留的基础方法。用小苏打水清洗浸泡果蔬是去除果蔬有机磷类农药残留的有效措施。农药残留一般附着于果蔬的表面,可以通过去皮法减少或者去除农药残留。常规的厨房烹饪可以减少或者去除果蔬中的农药残留,随着温度升高,多数农药分解速度加快。

(四)加强监管力度

为加大农药监督管理,控制农产品中农药残留,政府需加强农药市场管理,打击生产、经营假冒伪劣农药产品,使用国家明令淘汰的高毒农药和农药复配制剂中掺杂高毒农药成分的违法行为;还应加大农产品监测力度,完善农产品检测手段,对农药残留超标的农产品要严格控制销售,从而达到控制农产品农药残留的目的。

第二节 农产品中兽药残留

一 兽药残留的概念

兽药残留是指食用动物在接受过量或长期接受兽药(包括药物添加剂)后,兽药在其细胞、组织或器官内蓄积或储存,或进入泌乳动物的乳或产蛋家禽的蛋中,以药物原形、代谢物和药物杂质的形式存在的残留,又叫药物残留。

二 农产品中兽药残留的来源

农产品中兽药残留的来源主要有以下 5 种:①防治畜禽疾病时产生残留兽药。②使用劣质、禁用兽药及其化合物。③突击使用兽药。为提高畜禽的生长速度,突击使用药物。在销售生病的畜禽前,为缓解、消除症状,使用大剂量兽药。④作为饲料添加剂的药物。⑤作为动物食品保鲜用的药物。

三 兽药残留的类别

根据兽药的化合物结构,兽药主要分为以下 7 类。

(一)β-内酰胺类

如青霉素、头孢霉素(先锋霉素)、头孢噻呋、氨苄西林、阿莫西林、邻氨青霉素、苯唑西林等。

(二)磺胺类及其增效剂类

如磺胺甲基嘧啶、磺胺二甲嘧啶、磺胺二甲氧嘧啶、磺胺噻唑等。

(三)四环素类

如四环素、金霉素、土霉素、多西环素等。

(四)氨基糖苷类

如庆大霉素、新霉素、链霉素、二氢链霉素等。

(五)大环内酯类

如红霉素、泰拉霉素和泰乐菌素等。

(六)酰胺醇类抗生素

如氯霉素、甲砜(氯)霉素、氟苯尼考(氟甲砜霉素)等。

(七)喹诺酮类

如诺氟沙星、培氟沙星、氧氟沙星、恩诺沙星、达氟沙星、二氟沙星等。

四 兽药残留的危害

(一)毒性损害

人类长期食用兽药残留超标的食品后,当体内蓄积的药物浓度达到一定量时,人体会发生多种急、慢性中毒。例如磺胺类药物可引起人体肾脏的损伤;氯霉素的超标可引起致命的"灰婴综合征"反应,严重时还会造成再生障碍性贫血;四环素类药物能够与骨骼中的钙结合,抑制骨骼和牙齿的发育等。

(二)过敏反应

经常食用一些含低剂量青霉素、四环素、某些氨基糖苷类抗生素和磺胺类药物等残留的动物性食品,易感的个体会出现不同的过敏反应,轻者可出现瘙痒、皮疹、头痛等症状,严重者则可引发过敏性休克,甚至危及生命。

(三)"三致"作用

许多药物具有致癌、致畸、致突变("三致")作用。如丁苯咪唑、阿苯达唑和苯硫苯氨酯具有致畸作用;雌激素、氯羟吡啶、砷制剂、喹恶啉类、硝基呋喃类等已被证明具有致癌作用;喹诺酮类药物的个别品种已在真核细胞内发现有致突变作用。

(四)激素样作用

长期食用含低剂量激素或激素类药物残留的食品,可以使人体正常的体液调节平衡受到不同程度的破坏,导致机体正常的物质代谢紊乱和功能失调。激素样作用主要表现为潜在致癌、发育毒性(儿童早熟及发育异常)等作用。

(五)耐药菌株的产生

动物在经常反复接触某一种药物后,其体内的敏感菌株将受到选择性的限制,细菌产生耐药性,耐药菌株大量繁殖,使得一些常用药物的疗效下降甚至失去疗效,如畜禽已对青霉素、氯霉素、庆大霉素、磺胺类等药物产生抗药性,这些药物的临床效果越来越差,使疾病治疗更加困难。人类常食用含有药物残留的动物性食品,动物体内的耐药菌株可传播给人类,当人体产生疾病时,治疗变得困难。由于耐药菌株的不断出现,人类不得不持续进行抗菌药物的更新换代。

(六)肠道菌群失调

抗菌药物残留的动物源食品可对人类胃肠的正常菌群产生不良的影响,抑制或杀死一些有益菌群会造成体内菌群的平衡失调,从而导致长期的腹泻或引起维生素的缺乏等反应。

(七)对生态环境质量的影响

药物进入动物机体后以原形或代谢产物形式随粪便、尿液等排泄物排出。残留的药物会对环境中的土壤微生物以及昆虫造成影响,如磺胺、喹诺酮类兽药的使用,可造成土壤、水源的污染。另外,己烯雌酚、氯羟吡啶在环境中降解很慢,能在食物链中高度富集而造成残留超标。

五 兽药残留的防控措施

(1)源头控制。禁用抗生素或研发推广抗生素的替代品。

(2)加大宣传和监管力度。提高养殖户对滥用抗生素危害性的认识;杜绝假、劣兽药;制定适合我国的污染控制措施及消除措施的相关政策。

（3）畜禽粪便、污水中抗生素的去除。好氧堆肥属于一种环境友好型技术，对大多数抗生素具有很好的去除作用；厌氧发酵是畜禽粪便处理的重要途径，可以促进抗生素的去除。

（4）农田环境中抗生素污染的修复。土壤和水中抗生素污染的修复有化学氧化、吸附、光催化降解、植物修复、微生物修复、微生物–动物–植物联合修复和物理化学–生物联合修复。

▶ 第三节　农产品中重金属污染

一　重金属污染的概念

重金属是指原子密度大于 5 g/cm³ 的一类金属元素，主要包括铅、汞、镉、铬、砷等 45 种。根据《农、畜、水产品污染监测技术规范》（NY/T398—2000），采用单项污染指数法对农产品中重金属残留的监测结果进行评价。单项污染指数=检测值/限量值，样本中重金属单项污染指数大于等于 1.0 表明该样本为重金属污染产品，单项污染指数位于 0.6 与 1.0 之间表明该样本的污染物残留较多。

二　重金属污染的来源

（一）大气中的重金属沉降

大气中的重金属主要来源于能源、冶炼、建筑材料生产及交通运输过程所产生的气体和粉尘。

（二）农用物资不合理的使用

在农业生产中，大量施用含有铅、汞、镉和砷等重金属元素的农药，以及不合理施用化肥和以畜禽排泄物为原料的有机肥，都将导致土壤重

金属污染。例如,铜和锌的各种杀菌剂(如波尔多液、多宁、碱式氯化铜、福美锌、噻唑锌、代森锌等)还在世界各国农业生产中广泛使用,每年随农药施用进入农田的铜和锌不容忽视,如在中国约分别为 5 000 t 和 1 200 t。

(三)污水农灌

使用被重金属污染的水进行农田灌溉导致土壤中的重金属富集。据农业农村部对全国污灌区农田的调查,约 1.4×10^6 hm^2 的污灌区中,被重金属污染的农田占总面积的 64.8%,其中轻度污染占 46.7%,中度污染占 9.7%,严重污染占 8.4%。

(四)含重金属废弃物堆积

含重金属的固体废弃物在堆放或处理过程中,由于日晒、雨淋和水洗等作用,重金属随水迁移,以辐射状或漏斗状向周围土壤和水体扩散。人们对台州电子废物拆解点附近的农田土壤进行监测分析,发现重金属超标率为 100%,主要超标元素依次为镉、铜、汞和锌。

三 重金属污染的类别

污染农产品的重金属主要包括铅、汞、镉、铬和类金属砷等生物毒性显著的元素,以及有一定毒性的锌、铜、镍等元素。如汞主要来自含汞废水,镉、铅主要来自冶炼排放和汽车废气沉降,砷则被大量用作农药使用。

四 重金属污染的危害

含有重金属的工业废水和污泥被灌溉或施入土壤后,重金属会在粮食作物中富集,从而严重影响粮食品质。在大田作物中,农产品受到的重金属污染主要来自土壤,也就是说土壤污染直接危害着农产品的品质。由于重金属在环境中移动性差,不能或不易被生物体分解转化,只能沿食物链逐级传递,在生物体内浓缩放大,当累积到较高含量时,就会对生物产生毒性效应。

1.铅

铅对体内各系统和器官均有危害,尤其是神经系统、造血系统、循环系统和消化系统。轻度中毒者会发生功能性病变,严重中毒者会发生一系列不可逆器质性的病变。

2.汞

汞主要危害人体中枢神经系统,使脑部受损,引起四肢麻木、运动失调、视野变窄、听力困难等症状,严重中毒者会因心力衰竭而死亡。中毒较重者会出现口腔病变、恶心、呕吐、腹痛、腹泻等症状,其皮肤黏膜及泌尿、生殖等系统也会受到损害。在微生物作用下,汞甲基化后成为甲基汞,毒性比汞更大。

3.镉

镉可导致高血压,引起心脑血管疾病;破坏骨骼和肝肾,并引起肾衰竭;引起癌症。

4.铬

铬导致贫血、肾炎和神经炎,损害皮肤系统和呼吸系统,可以在肝、肾、肺等脏器部位富集。

5.类金属砷

类金属砷可导致急性胃肠炎。重度中毒者会休克,肝脏受到损害,甚至死于中毒性心肌损害;人类接触受砷污染的大气和农产品可发生慢性砷中毒,突出表现为皮肤色素沉着、角化过度或疣状增生,也可见白细胞减少或贫血。已公认长期接触砷化物可导致皮肤癌和肺癌。

五 典型重金属污染的防治措施

(一)全面把握耕地土壤重金属污染状况

开展农产品产地土壤重金属污染普查和监测;建立精准的土壤重金属污染评价指标体系;修正、完善现有土壤重金属污染评价指标、评价体系和分析测试方法。

(二)加强土壤保护与重金属污染防治科技支撑

加强清洁土壤的管控技术研究；加强低积累水稻、小麦等品种筛选与推广，加强灌溉水净化处理技术与设备研发，加强产地土壤主要重金属污染控制技术、降活减存技术、综合治理技术等科技攻关，并建立相应的综合示范区。

(三)建设污染防控体系

加强农业资源环境保护的队伍建设和能力建设，建立有效的土壤重金属污染监测网络、预警系统，探索长效管理机制；积极支持相关的技术研发、集成与示范，提升我国土壤重金属污染管控与治理的科技水平。充分尊重和发挥实施主体农民的积极性，加快培育新型职业农民，切实增强农民环保安全意识和提高应用新知识、新技术的能力。

(四)加强农业资源环境保护法律法规建设

形成"从投入品到农田、从农田到餐桌"一整套全周期保护的法律体系；建立最严格的农产品产地保护制度、农田土壤污染管控制度、农业资源损害赔偿制度、责任追究制度等。

第四节　农产品中真菌毒素污染

一　真菌毒素的概况

真菌毒素是一类由病原真菌产生的有毒的次级代谢产物，广泛存在于谷物及其制品、中药材、坚果、咖啡、干果及果汁、酒类(葡萄酒和啤酒)、调味品及动物性食品中。已知的真菌毒素种类多达400种，目前研究报道较多的是黄曲霉毒素、脱氧雪腐镰刀菌烯醇、赭曲霉毒素、玉米赤霉烯酮和伏马菌素等。

（一）黄曲霉毒素

黄曲霉毒素是一类化学结构类似的化合物，均为二氢呋喃香豆素的衍生物。黄曲霉毒素是主要由黄曲霉和寄生曲霉产生的次生代谢产物，在湿热地区食品和饲料中出现黄曲霉毒素的概率最高，主要污染花生、小麦、稻谷和大米、玉米、大麦、燕麦、豆类及其制品等多种粮食作物。黄曲霉毒素包括多种亚型，其中 B_1 亚型的毒性最强。1973 年世界卫生组织和联合国粮农组织将其定位为天然存在的最危险的食品污染源，1993 年黄曲霉毒素被世界卫生组织列为 I 类致癌物。

（二）脱氧雪腐镰刀菌烯醇

脱氧雪腐镰刀菌烯醇又称呕吐毒素，由于它可以引起猪的呕吐而得名，对人体有一定危害作用。曲霉菌、青霉菌和镰刀菌是最主要的产生毒素霉菌，主要污染大麦、小麦、玉米和燕麦等谷类作物。它被联合国粮农组织和世界卫生组织确定为最危险的自然发生食品污染物之一，被欧盟列为三级致癌物。

（三）赭曲霉毒素

赭曲霉毒素是由曲霉属的 7 种曲霉和青霉属的 6 种青霉菌产生的一组重要的、污染食品的真菌毒素。主要有赭曲霉毒素 A、赭曲霉毒素 B 及赭曲霉毒素 C，在霉变谷物、饲料等中最常见。赭曲霉毒素中的赭曲霉毒素 A 在自然界分布最广泛，毒性最强，被国际癌症研究机构确定为 2B 类致癌物。

（四）玉米赤霉烯酮

玉米赤霉烯酮产毒菌主要是镰刀菌属的菌株，如禾谷镰刀菌等菌种。玉米赤霉烯酮主要污染玉米、小麦、大米、大麦、小米和燕麦等谷物。由于玉米赤霉烯酮具有雌激素样作用，能造成动物急、慢性中毒，引起动物繁殖机能异常甚至死亡，可给畜牧场造成巨大经济损失。

（五）伏马菌素

伏马菌素是由串珠镰刀菌产生的一种有毒的二级水溶性代谢产物，目前发现的有伏马菌素 B_1、伏马菌素 B_2 及伏马菌素 B_3 等 11 种，其中以

伏马菌素 B_1 为其主要成分,且毒性最强,是导致毒性作用的主要成分,在粮食及其制品中普遍存在,其中尤以玉米及其制品较为严重。2017 年,国际癌症研究机构公布致癌物清单,伏马菌素 B_1 属于 2B 类致癌物。

二 真菌毒素污染的危害

(一)黄曲霉毒素

黄曲霉毒素的靶器官是肝脏,动物若发生急性黄曲霉毒素中毒,会出现肝细胞坏死、肝管上皮增生等症状。动物长期摄食含低剂量的黄曲霉毒素可导致慢性中毒,出现肝脏亚急性或慢性损伤,引起肝脏纤维细胞增生、肝硬化,出现生长发育缓慢、体重减轻等生长障碍现象。

(二)脱氧雪腐镰刀菌烯醇

脱氧雪腐镰刀菌烯醇可在机体内蓄积,但无特殊的靶器官,具有很强的细胞毒性。中毒者的症状主要表现为呕吐、腹泻、头疼、头晕等,有的患者还有乏力、全身不适、颜面潮红、步伐不稳等似酒醉样症状(民间也称"醉谷病")。轻度中毒者一般在 2 小时后可自行恢复,老年人、幼童或大剂量中毒者,其呼吸、脉搏、体温及血压均略有升高,但未见死亡。近年研究发现,脱氧雪腐镰刀菌烯醇对人和动物的免疫功能有明显的影响。

(三)赭曲霉毒素

赭曲霉毒素 A 主要危害肾脏,造成肾肿大,也可造成肠炎、淋巴坏疽、肝大等症状。赭曲霉毒素 A 单独作用时致死率不高,但它常存在于含黄曲霉毒素的玉米中起协同作用,使黄曲霉毒素的有害作用增强。

(四)玉米赤霉烯酮

玉米赤霉烯酮具有雌激素样作用,主要作用于生殖系统,能造成动物急、慢性中毒,可使家畜、家禽和实验小鼠产生雌激素亢进症,引起动物繁殖功能异常甚至死亡。妊娠期的动物(包括人)食用含玉米赤霉烯酮的食物甚至可引起流产、死胎和畸胎。

（五）伏马菌素

伏马菌素主要损害肝肾功能，其中伏马菌素 B_1 的危害最大、影响范围最广，它具有很强的热稳定性。它可引起马脑白质软化、猪肺水肿综合征、大鼠肝癌等病症，并与人类食管癌的高发病率有关。

三 真菌毒素污染的防控措施

（一）减少原材料真菌毒素的污染

栽培育种过程中将霉变的种子剔除，培育和筛选抗真菌毒素的作物品种。原材料在贮藏期内要及时通风，保持低的贮藏温度、湿度。

（二）采用减少含菌量的措施

原材料收获后用低成本的快速干燥技术或设备将其进行干燥，贮藏过程中控制仓储的温度与湿度，创造不利于真菌毒素产生的环境条件，这些做法可减少农产品真菌毒素污染的发生。一些食品可用恰当的分装和包装技术避免二次污染。人们可通过采用冷藏、加防腐剂、降低水分等措施抑制未灭菌食品中真菌的生长。

（三）生物降解去除技术

对于已遭污染的农产品，诸如许多谷类农产品，可以采取生物降解去除技术，使其达到无害化。

▶ 第五节　转基因农产品安全与评价

一 发展转基因农产品的背景

发展转基因产业是时代发展的需求，在世界局势仍不稳定的情况下，全球粮食危机十分突出，同时我国的粮食安全仍然存在问题。运用转基因技术培育高产、优质、多抗、高效的新品种，能够降低农药、肥料的投

入,对缓解粮食危机、保护生态环境、改善农产品品质、拓展农业功能等具有重要作用。

二 转基因相关的概念

转基因技术是指利用分子生物学技术,将某些生物的基因转移到其他物种中,改造生物的遗传物质,使遗传物质得到改造的生物在性状、营养和消费品质等方面向人类需要的目标转变。

转基因生物是指利用转基因技术改变基因组构成的动物、植物及微生物。

转基因农产品指通过转基因技术进行栽培、育种或改良的农作物产品。

三 转基因作物的分类

当前,全球主要种植的转基因作物包括大豆、玉米、棉花和油菜。在我国,主要种植的转基因作物为棉花和番木瓜。按照功能,转基因作物可分为以下几种类型。

增产型转基因作物:改变农作物生长分化、肥料利用、抗逆和抗虫害等性状,从而达到增产的效果。

控熟型转基因作物:通过转移或修饰与控制成熟期有关的基因可以使转基因生物成熟期延迟或提前,以适应市场需求。

高营养型转基因作物:改造种子贮藏蛋白质基因,使其表达的蛋白质具有合理的氨基酸组成,如低淀粉马铃薯,高赖氨酸含量的玉米和甘薯,赖氨酸、蛋氨酸含量较高的大豆,高糖分大豆(不仅口味好,而且易于消化),超高油质的油菜新品种。另外人们还开发了一些具有药用功能的植物品种(包括药用食品)。

保健型转基因作物:通过转移病原体抗原基因或毒素基因至粮食作物或其他农作物中,为食用者提供预防疾病的物质。

四 转基因技术的应用

转基因技术在农业生产、动物饲养和医药研究等诸多领域都有着广泛的应用前景。例如,在农业方面:转基因动物、植物及微生物的培育,其中转基因作物发展最快,具有抗虫、抗病、耐除草剂等性状的转基因作物大面积推广,品质改良、养分高效利用、抗旱耐盐碱转基因作物纷纷面世;在医药方面:大肠杆菌表达胰岛素;在工业领域:利用转基因工程菌生产食品用酶制剂、添加剂和洗涤酶制剂等;在环境保护和能源领域:污染物的生物降解及利用转基因生物发酵燃料酒精等。发展水平最高的转基因植物主要是应用于生产糖类及工业用酶和脂肪上的植物。

五 转基因作物的利与弊

(一)转基因作物的利

1.提高育种效率

传统的农作物育种主要是同物种间的杂交育种,育种周期长,而转基因技术可以实现不同物种之间的基因转移,也就是说动物、植物和微生物的遗传基因可以相互使用。因此,可以通过转基因技术培育具有高产、抗旱、抗虫、抗寒、抗除草剂等特性的作物新品种,提升了育种的针对性和效率。

2.提高作物产量

目前全球约有 8.7 亿的人口还长期处于饥饿状态,而且随着全球人口数量的持续增加和地区冲突的频繁发生,这个数量将继续增加。若想在有限的土壤上,种植出更多的粮食,以满足人类的需要,必须借助现代科学技术手段。转基因技术是随着生物技术发展形成的一种新技术,该技术可以在很短的时间内,培育出产量高、优质、抗逆(抗旱、抗冻、抗盐等)的作物,从而在很大程度上解决人类的温饱问题。

3.减少环境污染

转基因作物中,抗逆基因的引入,可以提高作物的抗逆能力,如抗旱、抗虫、抗盐等。作物抗逆能力的提升,势必降低其对水分、农药及化肥的依赖,从而降低农业生产成本,减少环境污染。据不完全统计,随着转基因作物大范围的推广和种植,全球化学农药的使用量减少约40%,直接或间接地保护了生态的多样性,有利于农业的可持续发展。

4.改善人类营养

人们通过转变或转移某些能表达某种特性的基因,从而改变食品的口味和营养成分。转基因食品根据人的意志进行了改良,有效地提高了食品的食用价值和营养价值,如转基因玉米色氨酸含量可提高20%;转基因油菜籽的不饱和脂肪酸含量大增,对心血管十分有利。

(二)转基因作物的弊

关于转基因作物种植和转基因产品的危害,人们主要关注的是其对人类健康和生态环境的影响,然而当前的研究结果存在一定的争议。例如,耐除草剂的大豆品种,其异黄酮的含量相对于非转基因大豆作物的含量有所降低,而异黄酮可以降低人患癌的风险;一些转基因作物中的成分会成为部分人群的过敏原,会使人类出现过敏反应。转基因作物大面积的推广和种植,可能会和自然界其他的野生植物发生杂交,从而引起转基因植物的泛滥,影响到自然界的物种的多样性和稳定性。而一些具有抗虫基因的转基因作物,有可能对自然环境中其他有益菌或有益昆虫造成伤害。

六 转基因的安全性及安全保障

(一)最全面的科学评价

国际食品法典委员会(CAC)自2003年起先后通过了4个有关转基因生物食用安全性评价指南,大多数国家都设有专门机构负责,安全评价的程序与方法都是按 CAC 的指南制定的。我国转基因食品入市前都要通过监管部门严格的安全评价(食用安全评价和环境安全评价)和审批程序,比以往任何一种食品的安全评价都要严格。

食用安全评价内容:①新表达物质毒理学;②致敏性评价;③关键成分分析;④全食品安全性;⑤营养学评价;⑥生产加工对安全性的影响。所以,转基因农产品的食用安全评价内容,远远超过常规非转基因食品的评价内容,保障了消费者的食用安全性。

环境安全评价内容:①转基因植物的功能效率;②生存竞争能力;③基因漂移的环境影响;④对非靶标生物的影响;⑤对群落结构和有害生物地位演化的影响;⑥靶标生物的抗性风险。所以,转基因农产品的环境安全评价内容,远远超过常规非转基因食品的评价内容,保障了自然环境的安全性。

最全面的科学评价为政府严格监管和公众理性认知提供了依据,最终确保转基因生物产业积极、有序地发展。

(二)最严格的政府监管

制定相关的法律法规。如 2001 年中国国务院公布了《农业转基因生物安全管理条例》;2002 年农业部公布了《农业转基因生物安全评价管理办法》《农业转基因生物标识管理办法》《农业转基因生物进口安全管理办法》;2004 年国家质量监督检验检疫总局公布了《进出境转基因产品检验检疫管理办法》等。

最严格的行业审批把关。①各阶段研究与试验审批;②生产应用安全证书审批;③材料入境审批;④境外研发商进口安全证书审批;⑤境外贸易商进口安全证书审批;⑥进口转基因生物标识审批。

科学、稳步的安全评价程序。安全评价程序:首先,室内实验研究;其次,中间试验、环境释放和生产性试验的逐步扩大规模的田间试验;再次,申请获得安全证书。安全评价逐步扩大、稳步推进,最终确保转基因农产品的安全。

第五章 农药残留样品前处理

　　农药残留是影响农产品质量安全的主要危害因子,也是国家农产品质量安全例行监测工作中重点关注的监测对象。随着社会经济的发展和人民生活水平的提高,人民群众消费需求由"吃得饱"向"吃得好""吃得安全健康"转变,农产品中的农药残留问题也越来越受到人们的关注。因此,本书中农产品危害因子检测技术将以农药残留检测技术为主线进行详细介绍。

　　农药残留分析的基本过程包括采样、样品处理和测定三个基本环节。采样是从田间或市场等来源采集或抽取获得样品的过程。样品处理可分解为:①样品预处理:去除不需分析的部位获取分析部位、混合与分取、初步粉碎或处置(如水的 pH 调整);②制备试样:分取或对样品进行均质化后,获得试样。样品分析过程包括提取、净化或浓缩、必要时衍生化、目标物分离与检测,其中提取、净化和浓缩等步骤通常称作样品前处理过程,有时简称前处理。农药残留分析的样品种类多,其化学组成复杂,要使分析仪器能检测到痕量的残留农药,必须对样品进行前处理。样品制备在农药残留分析中最费时、费力,耗资大,其效果好坏直接影响方法的检测限和分析结果的准确性,而且还影响分析仪器的工作寿命。

▶ 第一节　样品预处理

　　样品预处理过程是从总体样品中获取分析测试部位,获得代表性实

验室样品的过程,是采样后到化学分析前准备试样的工作。在采集农药
残留样品及运输等过程中,要去除采集的样品中不必要的分析部位,如
蔬菜水果样品,应去除泥土及其他黏附物、老皮、明显腐烂和萎蔫的茎
叶、果梗、蒂等;必要时可进行粉碎、缩分、均质化等预处理,制备实验室
检测样品及备份,以满足进一步分析的需要。

从田间采样或监测抽样时,一般需要进行简单的样品预处理,样品
预处理过程是农药残留分析方法的重要部分。样品预处理遵循的原则包
括:避免样品表面残留农药的损失;遇光降解的农药,要避免暴露于阳光
下;样品中黏附的土壤等杂物可用软刷子刷掉或干布擦掉,同时要避免
交叉污染。

农药残留样品若不能及时测定,需要进行储藏。对含有性质不稳定
的农药残留的样品,人们应立即进行测定。容易腐烂变质的样品,应马上
捣碎处理,在低于–20 ℃下保存。样品解冻后应立即进行分析。取冷冻样
品进行检测时,应不使水、冰晶与样品分离,分离严重时应重新匀浆。检
测样品应留备份并保存至约定时间,以供复检。

粉状物:如面粉等,首先在包装袋内混合,然后用四分法取样。即将
样品堆积成圆锥形,从顶部向下将锥体等分为四份,去除对角两部分,剩
余部分再次混匀成圆锥形,再等分,去除对角部分,剩余部分再混合,如
此重复直至剩余合适样品量为止。再将样品粉碎、过 40 目筛(筛孔宽度
0.425 mm)或匀浆,最后取 250~500 g 检测样品。

较小个体的样品:如麦粒和小粒水果等,用四分法将田间样品缩分
成实际需要的实验室样品。谷物等样品先粉碎、过 40 目筛,最后取 250~
500 g 检测样品。

较大个体的样品:如大白菜、甘蓝、西瓜等蔬菜、水果样品,由于样品
体积较大,不能采用或没有合适的试验设备进行处理,就要采用人工切
碎。操作中要注意,农药残留并不是均匀地分布在样品中的,在处理时,
必须要保证检测样品的代表性。例如采集甘蓝样品时,不能去除外层叶
子,也不能只采集外层叶子做样品,应从甘蓝球体顶部对角线切开,取其

中对角部分,操作方法类似四分法。最终取 300~500 g 检测样品。

水和其他液体样品:将液体样品充分混合,过滤掉漂浮物、沉淀物和泥土。在分析过程中,如果液体样品存在固体成分,会导致乳化现象,因此应过滤掉固体粒子,去除部分可单独进行分析。在过滤时应该注意在存放期间,固体粒子会沉淀,所以应该首先过滤 3/4 的样品,然后在每次转移部分液体进行过滤前剧烈摇动容器,从而去除大部分固体粒子。容器应该用过滤后的样品洗涤几次,再过滤。肉眼观察瓶内壁没有附着物后,用提取滤液时的溶剂洗涤贮液瓶,如果使用固相萃取法进行样品净化,就要考虑过滤时滤纸孔径的大小。研究表明,当粒子在 0.063~2 μm 时,与之结合的污染物浓度最高。在报告结果时,应该指明水样是否包含漂浮物和沉淀物。具体样品体积依照分析方法和待检物浓度的不同而进行。如对环境水样进行农药污染监测时,一般水样体积为 1 000 mL。

土壤样品:记录土壤样品重量,在阴凉通风处风干,粉碎样品,过筛(2~4 mm 筛),去除土样中石块、动植物残体等杂物。如果杂物重量超过样品总量的 5%,应记录杂物重量。充分混匀后,以四分法缩分,最后按需要留取 200~500 g 样品保存待测。最终检测结果应以土壤干重计。

▶ 第二节 农药残留的提取

提取是指通过溶解、吸附、挥发等方式将样品中的残留农药分离出来的操作步骤,也常称为萃取。由于残留农药是痕量的,提取效率的高低直接影响分析结果的准确性。所以在提取过程中要求尽量完全地将痕量的残留农药从样品中提取出来,同时又尽量少地提取出干扰性杂质。提取方法主要是根据残留农药的理化特性确定,但也需要考虑试样类型、样品的组分(如脂肪、水分含量)、农药在样品中存在的形式、最终的测定方法等因素。用经典的有机溶剂提取时,要求提取溶剂的极性与分析物的极性相近,主要依据"相似相溶"原理,使分析物能进入溶液而样品中其他物质处于不溶状态。也可利用分析物的挥发性进行提取，则要求提取时能有效促使分析物挥发出来，而样品基体不被分解或挥发。提取时要避免使用作用强烈的溶剂、强酸强碱、高温及其他剧烈操作，以降低提取后操作的难度和造成残留农药的损失。残留农药的提取基本上都是基于化合物的极性-溶解度或挥发性-蒸气压的理化特性。以下分别进行介绍。

一 液液分配技术

（一）液液分配

农药残留的提取效率很大程度上取决于提取溶剂的极性，一般根据"相似相溶"原则，选择与目标农药极性相近的溶剂进行提取。按照提取溶剂极性大小进行排序，水>甲醇>乙腈>丙酮>乙酸乙酯>二氯甲烷>环己烷>正己烷>石油醚，其中，乙腈、丙酮和乙酸乙酯是各国实验室在农药残留提取中应用较为广泛的溶剂。乙腈极性较大，提取水果和蔬菜中的农药残留时，可以避免油脂、叶绿素和蜡质等非极性杂质的引入。丙酮更适用于气相色谱检测，液-气的转换膨胀体积较小。乙腈和丙酮可以与水混溶，对多种不同极性的农药均具有较好的溶解度；乙酸乙酯极性小，微溶于水，加入无机盐后，易于与水完全分离。

此外，提取溶剂的纯度、极性、沸点，以及溶液体系的 pH 和无机盐含量均会影响提取效率，在进行液液分配提取时应予以充分考虑。

（二）液液分配操作步骤

选取比水溶液体积大一倍的分液漏斗（图 5-1），在盖子和活塞上涂抹凡士林确保密封性。操作时，在水溶液中添加氯化钠至全部溶解，再加入对农药目标物溶解度较大的有机溶剂。将分液漏斗上下颠倒几次后倒置，底部朝向无人处，打开活塞放出气体。重复多次操作至放出气体时无明显压力，再剧烈振荡，静置分层，收集提取溶剂层。在水样品中继续加入提取溶剂，连续提取两次。

(三)方法的优劣

经典的液液分配技术通常在分液漏斗中进行，选择与样品溶液不混溶的溶剂，多用于提取水溶液中的农药残留。土壤等固体样本的提取可采用自动化恒温振荡器替代人工摇动。水果、蔬菜等农产品样本在组织捣碎机中高速捣碎后，再通过液液分配进行提取。

液液分配虽然简便易操作，但溶剂消耗量大，提取过程中产生大量的废液；操作过程受多种因素影响，溶液容易乳化，影响提取效率；过度依赖手工操作，不适于大批量样品提取。另外，将目标物从上下分层的溶剂体系中彻底分离也存在难度。

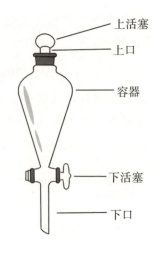

图 5-1　分液漏斗

二 固液提取技术

(一)固液提取

固液提取是指通过溶解、扩散作用使固相物质(如土壤、动植物样品)中的分析物进入溶剂中的过程。固液提取中，不同样品类型对溶剂的选择有很大的影响。对于含水量高的水果、蔬菜等样品，可以选择与水混溶的乙腈、丙酮等溶剂进行提取，以提高提取效率。对于含水量低的样品，在样品中加入水或使用混合溶剂，可增加其与农药目标物之间的接触。

索氏提取(图 5-2)是一种典型的固液提取技术，也是公认的可实现彻底提取的技术，常用于难以通过研磨和匀浆提取的固体

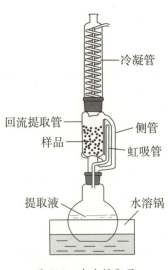

图 5-2　索氏提取器

样品。索氏提取利用虹吸管回流溶剂,使样品连续不断地被溶剂浸润提取。一般情况下,索氏提取耗时较长,往往需要 8 h 以上。

(二)索氏提取操作步骤

将粉碎的样本加入滤纸筒中,放入回流提取管内,上部接上冷凝管,下部接圆底烧瓶。水浴加热圆底烧瓶中的提取溶剂,溶剂沸腾后产生的蒸汽通过索氏提取器的侧管上升,遇冷凝管冷凝后滴入样品中进行固液提取。当样品中的冷凝溶剂超过虹吸管时,含有农药的溶剂将通过虹吸管回到圆底烧瓶。通过溶剂反复的沸腾、回流冷凝与虹吸过程,样品中的农药源源不断地富集入圆底烧瓶中,直至样品中的农药残留被提取完全。

(三)方法的优劣

索氏提取作为一种标准的提取技术,沿用长达 1 个世纪之久,常被用于提取固体和半固体基质中的农药残留,如土壤、谷物、干饲料、干药材和干果等样品。索氏提取不需要特殊的仪器设备,操作简单,提取效率高。然而,在提取过程中需要对溶剂进行反复加热和冷却,耗时较长,样品量高,有机溶剂消耗量大,且不适合对热不稳定性农药进行提取。

农药残留分析样品中的农药多为痕量,提取效率的高低直接影响分析方法的准确性。少溶剂化、操作便捷的前处理方法是当前的研究热点之一。因此,研发快捷、高效、准确度高的农药残留提取技术具有重要的意义。随着科技的发展,样品提取技术也在不断进步,液液分配和索氏提取逐渐被省工、省时且环境友好的技术所取代。

三 加速溶剂萃取法

(一)加速溶剂萃取

加速溶剂萃取也称为加压萃取,其原理是通过升高温度(50~200 ℃)和压力(10.3~20.6 MPa)增加物质溶解度和溶质扩散效率,在密闭容器内通过升高温度和压力从样品中快速萃取出待测组分。加速溶剂萃取法提取时间从传统溶剂提取的数小时降低至数分钟,有机溶剂用量少,10 g

样品一般仅需 15 mL 溶剂,适用于固体和半固体样品的萃取。加速溶剂萃取使样品制备变为自动化流程,已被美国国家环境保护局(EPA)列为环境、食品和其他样品的 3545 号标准化萃取方法。

加速溶剂萃取仪由溶剂瓶、泵、气路、加温炉、不锈钢萃取池和收集瓶等构成。溶剂瓶有 4 个,可装入不同的溶剂,也可用同一溶剂。加速溶剂萃取过程受到多种因素的影响,包括溶剂的种类和组成、萃取的温度和压力、样品基质组成等。选择合适的溶剂是加速溶剂萃取的关键,溶剂的选择除了要考虑溶剂理化特性(沸点、极性、扩散系数、黏度等),最重要的是要考虑萃取溶剂的极性应与被分析物的极性相匹配,同时与样品基质的杂质极性有所区别。

(二)加速溶剂萃取操作步骤

将样品置于不锈钢萃取池内,提取池由加热炉加热至 50~200 ℃,通过泵入溶剂使池内工作压力达到 10 132.5 kPa 以上。样品接收池与提取池相连,通过静压阀定期地将提取池内溶剂释放到接收池内,提取池内的压力同时得到缓解。经过静态提取 5~15 min 以后,打开静压阀,用脉冲氮气将新鲜溶剂导入提取池冲洗残余的提取物。快速溶剂提取每 10 g 样品约需 15 mL 溶剂,每个样品的提取时间一般少于 20 min。

(三)方法的优劣

加速溶剂萃取相比索氏提取和超声波提取等方法,消耗溶剂较少、自动化程度高、操作相对简便,但由于仪器和耗材相对较贵,造成分析成本较高。该方法提取效率较高,但也带来共提物相对较多的问题,对后续的净化操作产生影响。

四 微波辅助萃取法

微波辅助萃取是将微波与传统溶剂提取法相结合的一种新型提取技术。微波是一种频率范围为 300~300 000 MHz 的电磁波,微波所产生的电磁场可加快萃取物分子由固体内部向固液界面扩散的速度。微波辅助萃取具有快速高效、加热均匀、节省溶剂、工艺简单等特点。

微波辅助萃取设备大多为分批处理物料的微波萃取罐（类似多功能提取罐），微波频率有 915 MHz 和 2 450 MHz 两种。商品化的仪器一次性可处理 16 个样品，提取时间为 15~30 min，溶剂消耗为 20~30 mL。微波辅助萃取使用极性溶剂比用非极性溶剂更有利，因为极性溶剂吸收微波能，从而提高溶剂的活性，使溶剂和样品间的相互作用更有效。

五 吹扫共蒸馏法

吹扫共蒸馏，也称吹扫-捕集，是用惰性气体将液体样品或样品提取液中的挥发性物质驱赶到气相中，再将其带入一个收集阱收集后进行分析。收集阱可以填充吸附剂如活性炭、石墨化碳黑、硅胶等，收集的组分通过溶剂洗脱，进入色谱仪分析。也可以将样品提取液与玻璃棉、玻璃珠或海砂等混合装柱，将柱加热，在恒定的温度下通氮气，溶剂和挥发性农药等被汽化，随氮气流入冷凝管而收集下来。不挥发的脂肪、油脂和色素等高沸点物质则黏附于填料上，从而达到净化的目的。含油脂量较高的农畜产品，采用常规的液液分配、柱色谱等方法不能将其油脂完全除去，且步骤复杂，可采用此法。

吹扫共蒸馏的装置图参见图 5-3。经过预处理的样品提取液由进样口注入分馏管的内管中。残留农药在一定温度下汽化，随载气（氮气）经装有硅烷化玻璃珠的外管进入装有吸附剂弗罗里硅土的收集管中，而油脂等高沸点物质则留在分馏管外管的玻璃珠上。取下收集管，用适当淋洗剂将农药淋洗下来，经浓缩即可测定。

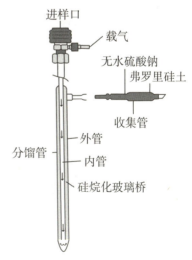

图 5-3 吹扫共蒸馏装置

▶ ## 第三节　样品的净化

净化是指通过物理或化学的方法除去提取物中对测定有干扰作用的杂质的过程。在农药残留提取的过程中,伴随着大量基质干扰物质被提取出来,如油脂、蜡质、蛋白质、叶绿素及其他色素、胺类、酚类、有机酸类、糖类等,这些物质严重干扰残留量的检测,需再经过净化步骤达到待测物与干扰杂质分离。然而,在净化的过程中,除去干扰物质的同时还会伴随着农药目标物损失,所以样品净化是农药残留分析中的一项重要步骤,也是保证农药残留量测定结果准确的关键。

净化方法在很大程度上取决于农药和样品的性质、提取方法、最终检测方法等。经典的净化方法有液液分配法、柱层析法等。一般来说,检测限越低,要消除的干扰杂质就越多,净化要求越高。这时,净化过程比较复杂,常是多种方法结合使用。

一　液液分配法

液液分配法既可用于液体样品的提取,也可用于液体或固体样品提取液的净化,其操作方法在前面已有介绍。液液分配主要利用样品中的农药和干扰物质在互不相溶的两种溶剂(溶剂对)中分配系数的差异,达到分离和净化的目的。通常使用一种能与水相溶的极性溶剂和另一种不能与水相溶的非极性溶剂配对来进行分配,这两种溶剂称为溶剂对,经过反复分配使试样中的农药残留与干扰杂质分离,样品得到净化。

一般按以下原则选择溶剂对:对于含水量高的样品,先用极性溶剂提取,再转入非极性溶剂中;非极性和含油量高的样品,则先用非极性溶剂或乙腈、二甲基甲酰胺等提取,再转入与提取液极性不同的溶剂。常用的溶剂对包括:丙酮和水的混合物—二氯甲烷、甲醇和水的混合物—二氯甲烷、乙腈和水的混合物—二氯甲烷、水—石油醚、丙酮和水的混合物—石油醚、甲醇和水的混合物—石油醚、乙腈—正己烷、二甲基亚砜—正己烷、二甲基甲酰胺—正己烷等。另外,对于含胺或酚的农药或其代谢物,可利用调节 pH 以改变化合物的溶解度,而达到分配净化的目的。

液液分配的净化效果除了与选择的溶剂对、pH 有关,还与两相溶剂的体积比、极性溶剂中的含水量、盐分有关。通常可在极性溶剂中添加氯化钠或无水硫酸钠水溶液来提高两相的分配系数,水与极性溶剂之比通常设为 5:1 或 10:1。对于使用非极性溶剂与极性溶剂、水分配时,一般应分 2~3 次萃取。在合并萃取液时,通常需要通过装有无水硫酸钠的漏斗进行脱水,待浓缩后备用。

尽管液液分配法不需要昂贵的设备和特殊的仪器,但容易形成乳状液,造成分离困难。同时操作过程费时费力、容易引起误差,而且有机溶剂的使用量较大。因此,液液分配法目前已被新型方法,如固相萃取、QuEChERS 法等逐渐取代。

二 柱层析法

(一)柱色谱净化

柱层析法也叫柱色谱法,是利用色谱原理在开放式柱中将待测物与杂质分离的净化方法(图 5-4)。农药残留样品提取液通常首先进行液液分配处理,然后使用柱层析法进一步净化。一般以吸附剂作固定相,溶剂为流动相,使用长 5~50 cm、内径 0.5~5 cm 的玻璃柱,将样品提取液加入柱中,使其被吸附剂吸附,再向柱中加入淋洗液,使用极性略强于提取液的溶剂作为淋洗液,可将极性较强的农药淋洗下来,

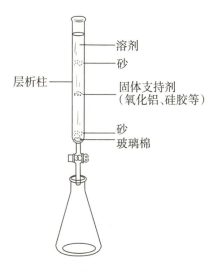

图 5-4　柱层析法示意图

而样品中的非极性杂质则留在吸附剂上。柱层析法可根据农药及样品的性质选择不同的柱吸附剂以达到较好的净化效果,常用作净化处理的层析柱吸附剂有以下几种。

1.弗罗里硅土

弗罗里硅土是农药残留分析净化中最常用的吸附剂,也称硅镁吸附剂,主要由硫酸镁与硅酸钠作用生成的沉淀物,经过过滤、干燥而得。它是一个多孔性的并有很大比表面积的固体颗粒,比表面值达 297 m^2/g。

它是一种高选择性的吸附剂,正相条件下能够从非极性基质中强烈吸附极性分析物,商品弗罗里硅土应进行活化处理。

美国分析化学家协会(AOAC)公布的方法中采用 10 g 弗罗里硅土的层析柱(22 mm×300 mm),主要以乙醚-石油为淋洗体系,淋洗液的极性依次增大,淋洗下来的农药极性亦依次增大。因此,可根据待测农药的极性大小选用淋洗溶剂,以达到与杂质分离的目的。

2.氧化铝

氧化铝价格便宜,也是一种比较重要的吸附剂,不如弗罗里硅土常用。它有酸性、中性、碱性之分,可根据农药的性质选用。有机氯、有机磷农药在碱性中易分解,故用中性或酸性氧化铝;均三氮苯类除草剂则使用碱性氧化铝。氧化铝吸附剂最大的特点就是淋洗液用量较少,但一般由于氧化铝的活性比弗罗里硅土要大得多,因而农药在柱中不易被淋洗下来,当用强极性溶剂时,农药与杂质又会同时被淋洗下来,所以在应用前必须将氧化铝进行去活化处理。例如,市售的吸附层析活性氧化铝(中性或酸性),先在 130 ℃左右温度下活化 4 h 以上,然后加入相当于 5%~10%重量的蒸馏水,在研钵中仔细混合,倒入瓶中盖紧,放置过夜,达到去活化的目的。

3.硅胶

硅胶是硅酸钠溶液中加入盐酸而制得的溶胶沉淀物,经部分脱水而得的无定形的多孔固体硅胶。硅胶柱层析法在样品净化中使用很普遍,它能有效地除去糖等极性杂质,特别适用于 N-甲基氨基甲酸酯,此类农药在弗罗里硅土或氧化铝中不稳定。硅胶层析柱通常也需活化处理除去残余水分,使用前再加入一定量的水分,以调节其吸附性能。由于硅胶的吸附能力与其表面的硅羟基数目有关,一般在活化时温度不宜超过170 ℃,以100~110 ℃为宜。操作时,一般硅胶的量为5~50 g,含水量在0%~10%,初始用弱极性溶剂(如戊烷或己烷)淋洗,洗脱弱极性化合物,然后逐渐增加溶剂的极性,洗脱极性较强的化合物。糖等强极性化合物一般用甲醇等强极性溶剂也难以洗脱下来,但用硅胶却很容易除去。

4.活性炭

活性炭一般很少单独使用,经常与弗罗里硅土及氧化铝按一定比例配合使用。活性炭对植物色素有很强的吸附作用,将活性炭与5~10倍量的弗罗里硅土和氧化镁及助滤剂 Celite 545 等混合,用乙腈-苯(1:1)作淋洗剂,能有效地净化许多有机磷农药。

5.其他层析柱填料

除了上述几种常用的层析柱填料,在农药残留样品净化中,还有C18、离子交换吸附剂等。这些吸附剂填料可单独使用,也可以混合使用,用于净化处理。例如,使用 C18 柱能有效除去脂肪等非极性杂质。一些酸碱性农药及其代谢转化物则常用离子交换柱进行净化处理,特别是对百草枯和草甘膦等分析样品的净化。例如,百草枯样品先用 2.5 mol/L 硫酸提取,中和后,过强阳离子交换柱,用饱和氯化铵淋洗,然后进行检测。

(二)凝胶渗透净化

凝胶渗透层析是将最先流出的大分子化合物除去,而将小分子化合物净化。农药残留样品净化中最常用的凝胶渗透层析填料是各种不同孔径大小和粒子大小的苯乙烯-二乙烯苯共聚物,如 SX-3,通过控制其聚合时的交联度来获得所需孔径的凝胶粒子。由于大多数农药的分子质量都在 400 以下,选择一定孔径的填料就可以很容易地去除提取液中分子质量在 400 以上的杂质。淋洗剂一般用二氯甲烷、1:1 二氯甲烷-环戊烷或1:1 乙酸乙酯-环戊烷。

使用凝胶渗透层析作净化处理没有不可逆保留的问题,而且一根柱

子可以重复使用上千次,速度快、成本低,适用于动植物组织、果蔬、加工食品、土壤、牛奶、血液、水等几乎所有样品的净化处理。采用商业化凝胶渗透层析自动净化装置可同时处理 60 个样品,非常方便、快速。

在柱层析法中,只有当吸附剂、提取溶剂、淋洗溶剂的种类和体积适宜时,才能够将待测物淋洗下来,而使杂质滞留在柱上,达到待测物与杂质分离的效果。由于吸附剂、洗脱液等条件的优化过程复杂,因此容易引起误差。目前柱层析法也逐渐被其他新型净化方法取代。

三 磺化法

磺化法是利用分析样品中脂肪、蜡质等杂质与浓硫酸的磺化作用,生成极性很强的物质,从而实现与农药分离。该方法常用于有机氯农药样品的净化。按加酸的方式不同,磺化法可分为液液分配磺化法和柱色谱磺化法。①液液分配磺化法是在盛有待净化液(石油醚为溶剂)的分液漏斗中,加入相当于待净化液体积 10% 的浓硫酸,剧烈振摇 1 min(其间注意放气,放气时漏斗口不能面向操作者及其他人),静置分层。弃去硫酸层,按照此法重复操作 2~4 次,直至浓硫酸和石油醚两相皆呈无色透明状。然后向石油醚净化液中加入占其体积 50% 的 2% 硫酸钠水溶液,剧烈振摇 2 min,静置分层。弃去下层水相,上层石油醚相按照此法重复操作 2~4 次,直至净化液呈中性时为止。石油醚净化液经无水硫酸钠的脱水,定容后供仪器检测。②柱色谱磺化法是在微型玻璃色谱柱[5 mm(内径)×200 mm]中,自下而上依次填装少许玻璃棉、2 cm 无水硫酸钠、酸性硅藻土(10 g 硅藻土、3 mL 20% 发烟硫酸、3 mL 浓硫酸,充分拌匀)、2 cm 无水硫酸钠。准确量取待净化液 1 mL,倾入柱中,用正己烷淋洗,收集淋出液并定容,供仪器检测。

四 低温冷冻法

低温冷冻法是以丙酮作为提取溶剂,利用低温下油脂在丙酮中不溶解的原理,冷却到-70 ℃时油脂沉淀下来,而农药溶解于丙酮溶液中,实现了农药残留与油脂的分离。低温冷冻法适用于富含油脂类样品的净化,其优点有:其步骤简单快速,只需振摇和离心;绿色环保,仅使用少量有机溶剂,基本不产生有害废液。但在使用时也需根据农药的性质,主要是辛醇/水分配系数和检测仪器的要求,适当增加净化步骤,如固相萃取或分散固相萃取等,以达到检测的要求。

在测定脂肪中农药滴滴涕的残留时发现,脂肪在丙酮中的析出及滴滴涕的回收率与冷冻温度有关。含有滴滴涕的 100 g 黄油的丙酮溶液在不同温度下放置 30 min 后,沉淀油脂的效果不同,在-45~-40 ℃滤液中的脂肪含量较高,影响测定结果,-70~-65 ℃时去除脂肪的效果最好,而且滴滴涕的回收率最好,所以应当使用-70 ℃的低温处理。然而,虽然可以用丙酮加干冰来达到-70 ℃,但需在特殊的容器及制冷设备中进行,限制了该方法的使用。近年来,有研究提出用-20 ℃冷冻沉淀技术或结合固相提取等净化手段除去样品中的油脂。

五 **固相萃取法**

固相萃取起源于 20 世纪 70 年代,是液相和固相之间的物理萃取过程(图5-5)。其原理是由于化合物的吸附性能不同,通过调节淋洗剂的强

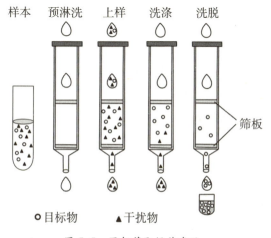

样本　　预淋洗　　上样　　洗涤　　洗脱

筛板

○目标物　　▲干扰物

图5-5　固相萃取操作步骤

度和极性,对目标化合物和干扰物进行选择性分离的净化方法。在固相萃取过程中,固相对分析物的吸附力大于样品提取液。当样品通过固相柱时,分析物被吸附在固体填料表面,其他样品组分则通过柱子流出,然后分析物可用适当的溶剂洗脱下来。固相萃取技术可依据样品基质和农药性质的差异选择吸附剂,如采用氧化铝吸附强极性杂质,石墨化碳黑、弗罗里硅土和C18吸附非极性杂质等。

固相萃取操作步骤包括柱活化、加样、淋洗杂质干扰物和洗脱回收待测组分四个部分。其中加样量取决于萃取柱的尺寸、类型、待测组分的保留性质及待测组分与基质组分的浓度等因素。固相萃取技术的另一种分离模式是杂质被保留在柱上,样品得到了净化,但待测组分没有实现富集,同时也不能分离性质比待测组分更弱的杂质,达不到完全净化的效果。

根据固相萃取柱中填料的不同, 固相萃取主要可分为以下几种类型:①正相固相萃取。柱中填料通常为极性物质,如硅胶、氧化铝、硅镁吸附剂等,用来萃取(保留)极性物质。②反相固相萃取。柱中填料通常为非极性或者弱极性的物质,如C8、C18、苯基材料等,用来萃取中等极性到非极性的化合物。③离子交换型固相萃取。柱中填料通常为带电荷的离子交换树脂,如带有–NH$_2$基团的材料,用来萃取带电荷的化合物。

固相萃取是近十年来发展迅速的一种样品净化技术, 具有操作简单、回收率高、重现性好等特点,可避免液液分配法中乳化现象的产生,也可避免柱层析法中溶剂用量大等问题。目前市场上已设计出固相萃取净化装置,实现了农药残留分析的全自动化。

(六) 样品的衍生化技术

色谱法分析中,有些农药残留物对检测仪器没有响应或响应较弱,不能直接进行检测, 需要进行衍生化处理, 从而达到扩大检测物的范围,提高样品在检测仪器上的灵敏度,改善样品混合物在色谱柱上的分离效果。

衍生化技术是通过化学反应将样品中难以分析检测的目标化合物定量转化成另一种易于分析检测的化合物,通过后者的分析检测实现对可疑目标化合物的定性和定量分析。如挥发性强的物质适合利用气相色谱法进行分析,但是极性强、挥发性低、热稳定性差的物质往往不适合,如果进行适当的衍生化处理,此类物质转化成相应的挥发性衍生物就可以实现检测,扩大了气相色谱法目标分析物的检测范围;有紫外吸收或能被激发产生荧光的物质适合利用液相色谱法进行分析,但是无紫外吸收或紫外吸收较弱、不发荧光或荧光较弱的物质往往不适合,甚至不能检测。此类物质进行衍生化处理后,则可以利用液相色谱法检测。依据衍生化模式的不同,衍生化可以分为柱前衍生化和柱后衍生化。

(一)柱前衍生化

柱前衍生化是在色谱分离前,预先将样品衍生化,然后根据衍生物质性质进行色谱分离及检测的方法。该方法的优点是通常无须考虑衍生反应的动力学因素,衍生化试剂、反应条件和反应时间的选择不受色谱系统的限制,不需附加仪器设备。缺点是操作过程较烦琐容易影响定量分析的准确性,且衍生反应形成的副产物可能对分离造成较大干扰从而影响分析结果。

(二)柱后衍生化

柱后衍生化是将混合样品先经色谱分离,再进行衍生化,最后进入检测器检测的方法,它是液相色谱中比较常用的一种手段。在分离柱和检测器之间连接一个小型通道,反应混合物以恒定的速度流过。该方法操作简便,重现性好,并且可连续反应,便于实现分析自动化。但由于反应是在色谱系统中进行的,从而对衍生试剂的反应时间和反应条件产生限制,需要通过控制反应通道的尺寸、流动相的流量及反应通道的温度来实现在特定温度下和特定时间内的反应。

常用的衍生化试剂包括:硅烷化试剂、烷基化试剂、酰基化试剂、紫外衍生试剂、荧光衍生试剂等。①硅烷化试剂是利用硅烷基取代活性氢,降低化合物的极性,减少氢键束缚,从而更容易挥发。同时由于活性氢位

点减少,化合物的稳定性也得以加强,提升了可检测性。其适用于羟基化合物,也可用于含羧基、巯基、氨基等官能团的化合物。②烷基化试剂与硅烷化试剂类似,利用烷基官能团(脂肪族或芳香族)取代活性氢,生成的衍生物极性降低。常用于改良含有酸性氢的化合物,如羧酸类和苯酚类。③酰基化试剂是通过羧酸或共衍生物的作用将含有活泼氢(如–OH、–SH、–NH)的化合物转化为酯、硫酯或酰胺,可以作为烷基化试剂的替代方法。④紫外衍生试剂和荧光衍生试剂都属于改善检测性能的衍生化试剂,当物质在 200~400 nm 有紫外吸收时,考虑用紫外检测仪器,紫外衍生试剂可以改善目标分析物的紫外吸收效应。⑤荧光检测仪器只对荧光物质有响应,灵敏度高,适合于多环芳烃及各种荧光物质的痕量分析,而不发荧光的物质,经荧光衍生试剂处理后可转变为荧光物质,而后进行分析。

第四节　样品的浓缩

使用常规方法从分析样品中提取出来的农药溶液,由于提取溶剂的量较大,一般情况下农药浓度都非常低,因此,在对农药溶液进行净化和检测时,必须首先对其进行浓缩,使检测溶液中待测物浓度达到分析仪器灵敏度的要求。目前常用的浓缩方法有 K–D 浓缩法、减压旋转蒸发法、氮吹法等。

在浓缩过程中,必须注意残留农药损失的问题。样品提取液由几十毫升至几百毫升浓缩到一毫升至数毫升,极易引起残留农药损失,特别对于蒸汽压高或亨利常数高、稳定性差的农药,更需要注意不能将溶液蒸干。这些农药甚至在样品制备好以后,都应在密闭和低温条件下存放。

一 K-D浓缩法

K-D 浓缩法是利用 K-D 浓缩器将提取液直接浓缩到刻度试管中的方法,适合于中等体积(10~50 mL)提取液的浓缩。K-D 浓缩法是使用较为普遍的浓缩方法,各国农药残留分析标准大都采用 K-D 浓缩器浓缩。

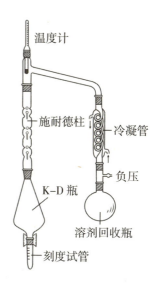

图 5-6　K-D 浓缩器

K-D 浓缩器(图 5-6)是简单、高效、玻璃制的浓缩装置,由 K-D 瓶、刻度试管、施耐德柱、温度计、冷凝管和溶剂回收瓶组成。K-D 瓶上接施耐德柱,下接刻度试管,浓缩时溶剂蒸出经施耐德柱通过冷凝管收集在溶剂回收瓶中,可以同时进行浓缩、回流洗净器壁和在刻度试管中定容。水浴温度应根据溶剂的沸点而定,一般在 50 ℃左右,不得超过 80 ℃。K-D 浓缩器在常压、减压条件下都可以进行操作,减压是在冷凝管和溶剂回收瓶中间加一抽气接头即可,但真空度不宜太低,否则造成沸点低,提取液浓缩过快,容易将样品带出而造成损失。

K-D 浓缩器是为浓缩易挥发性溶剂而设计的。其特点是可以有效地减少浓缩过程中农药的损失,且其样品收集管能在浓缩后直接定容测定,无须转移样品。K-D 浓缩器可以回流,浓缩时样品组分损失小,特别是对沸点较低的成分,但对热敏成分不利。旋转蒸发仪浓缩速度快,但容易造成低沸点组分较大损失。

二 减压旋转蒸发法

减压旋转蒸发法是利用旋转蒸发器(图 5-7)在较低温度下使大体积(50~500 mL)提取液得到快速浓缩的方法。旋转蒸发器是为提高浓缩效率而设计的,旋转蒸发器中盛蒸发溶液的圆底烧瓶是可以旋转的,利用

旋转浓缩瓶对浓缩液的搅拌作用,在瓶壁上形成液膜,扩大蒸发面积,同时又通过减压使溶剂的沸点降低,从而能较快地、平稳地蒸馏,达到高效率浓缩的目的。如图 5-7 所示,烧瓶的转速可以调节,冷凝器上端可接水抽滤器或抽气机,有活塞可以调节真空度。在使用时根据浓缩液的体积,可以改换各种容量的烧瓶,从 10 mL 到 1 L 均可。

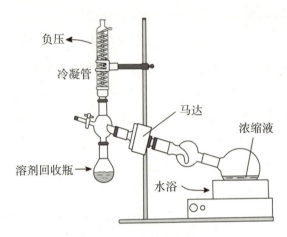

图 5-7　旋转蒸发器

减压旋转蒸发法操作方便,但残留农药容易损失,且样品还需转移、定容。

三 氮吹法

氮吹法采用氮气对加热样液进行吹扫,使待处理样品迅速浓缩,达到快速分离纯化的效果。氮吹仪主要由加热器、自动温控仪、自动升降气路板、气体流量计、气流调节阀等组成,适用于体积小(通常小于 10 mL)、易挥发的提取液。

氮吹仪的每个气道都可独立或与其他气道一起控制,可根据试管高度自由调节高度。该方法操作简便,尤其可以同时处理多个样品,大大缩短了检测时间。目前氮吹仪在农药残留样品前处理过程中广泛应用。

▶ 第五节　样品前处理一体化方法

一　固相微萃取法

　　固相微萃取法起源于 20 世纪 90 年代,在固相萃取技术基础上发展起来的,是一种不需使用有机溶剂,集采样、提取、浓缩和进样于一体的样品前处理新技术。固相微萃取装置由萃取头和手柄两部分组成,萃取头有两种类型:一种是由一根熔融的石英细丝表面涂渍某种吸附剂做成;另一种是由内部涂有固定相的毛细管做成。固相微萃取的原理是根据待测组分与溶剂之间相似相溶的原理,利用萃取头表面的色谱固定相的吸附作用,将组分从样品基质中萃取富集起来,完成样品的前处理过程。

　　萃取包括吸附和解吸两个过程,吸附过程中待测物在萃取纤维涂层与样品之间遵循相似相溶原则平衡分配。解吸过程有气相色谱分析和高效液相色谱分析两种方式。气相色谱分析通过萃取纤维直接插入进样口进行热解吸;高效液相色谱分析需要在特殊解吸室内利用解吸剂解吸。使用时,先将萃取头鞘插入样品瓶中,推动手柄杆使萃取头伸出,进行萃取。固相微萃取技术灵活性强,其选择性和灵敏度可通过石英纤维表面涂层的厚度、种类、pH 和温度等参数进行调节。

二　液相微萃取法

　　液相微萃取法是 1996 年提出的一种微型样品前处理技术,利用物质在互不相溶的两相中分配比不同而达到分离目的,通过减少溶剂用量实现液液萃取的微型化。

　　液相微萃取有两种萃取模式:两相液相微萃取和三相液相微萃取。

两相液相微萃取是一个基于分析物在样品及小体积的有机溶剂两相之间平衡分配的过程。根据相似相溶原理,以分子形式存在的目标物被萃取进入有机萃取剂中,从而实现目标物的选择性萃取。三相液相微萃取则是利用由两个水层间夹一个有机层组成的"三明治"型的萃取系统,萃取物在料液相中以分子形式存在而进入有机相中,通过采用合适的接受相溶液,分子形式的待萃取物在有机相与接受相的界面上再次离子化,从而被萃取进入接受相。一般来说,要实现萃取,目标物在有机相中的溶解度要大于在料液相中的溶解度,但又要小于在接受相中的溶解度。

　　液相微萃取具有如下优点:集采样、萃取和浓缩于一体,操作简单方便;萃取效率高,富集效果好,富集倍数甚至可超过 1 000 倍;消耗有机溶剂量少(几至几十微升);所需样品溶液的量较少(1~10 mL);便于和高效液相色谱、气相色谱、高效液相色谱–质谱联用和毛细管电泳等仪器实现在线联用。

(三) 基质固相分散萃取法

　　基质固相分散萃取法是在常规固相萃取法的基础上发展起来,集提取、净化、富集于一体的快速样品制备技术(图 5–8)。基质固相分散萃取是将固态样品与某种填料(如弗罗里硅土、活性炭、硅胶、C18 等)充分研磨,使样品与具有很大比表面的填料充分接触,均匀分散于固定相颗粒

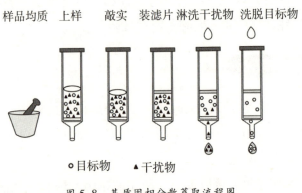

样品均质　上样　　敲实　装滤片 淋洗干扰物 洗脱目标物

○目标物　▲干扰物

图 5–8　基质固相分散萃取流程图

的表面,在此过程中完成样品的匀化,将其制成半固态粉末,然后装入层析柱,选择适当的淋洗剂洗脱,获得已净化好的提取液。一般情况下不需要进一步净化,经适当浓缩即可进行测定。它包括试样的均质化、装柱、干扰物质的洗脱、目标物洗脱等过程。基质固相分散萃取法目前主要用于蔬菜、水果等新鲜样品中农药残留的提取处理。

四 QuEChERS方法

2003 年,美国农业部教授建立了分散固相萃取样品前处理技术,其特点为快速(quick)、简单(easy)、便宜(cheap)、有效(effective)、可靠(rugged) 和安全(safe),用这些特点的英文首字母将该技术命名为QuEChERS。QuEChERS 方法实质上是固相萃取技术和基质固相分散技术的结合和衍生,其基本流程为:用乙腈萃取样品中的残留农药,用氯化钠和无水硫酸镁盐析分层,萃取液经无水硫酸镁和 N-丙基乙二胺填料分散萃取净化后,用气相色谱质谱联用仪、液相色谱质谱联用仪等进行残留分析。QuEChERS 发布后,很快受到广泛的认可和应用,AOAC 和欧盟先后发布了基于 QuEChERS 的方法标准 AOAC 2007.01 和 EN 15662:2008,两者与原始 QuEChERS 方法的主要区别在于其分别采用了醋酸盐和柠檬酸盐缓冲体系,改善了弱酸或弱碱性农药的提取效率(具体操作流程的对比见表 5-1)。目前 QuEChERS 方法已经在农药残留分析中得到了广泛的应用。

在 QuEChERS 方法中,样品前处理主要由两步组成:①萃取。乙腈是最适合萃取极性范围宽、农药残留多的溶剂,在某些情况下可选择加入含1%乙酸的乙腈作为萃取剂。在萃取的过程中,加入无水硫酸镁、氯化钠以除去萃取环境中的水分,并促使待测物从水相转移到有机相;硫酸镁吸水的同时也产生热量,促进了农药的萃取;加入醋酸钠(NaAc)或柠檬酸钠(Na_3Cit)来调节萃取环境的 pH。②净化。离心使得提取液与样品基质分层,将样品萃取液通过 d-SPE 净化,在净化的过程中加入硫酸镁可吸取多余的水分。

表 5 – 1 QuEChERS 方法的主要操作流程

标准	2003 年 初始方法	2007 年 AOAC 2007.01 方法	2008 年 EN 15662 方法
操作 流程	10 g 样品 ↓ 10 mL 乙腈 4 g 无水硫酸镁 ＋1 g 氯化钠 ↓振摇 ↓离心 150 mg/mL 无水 硫酸镁 ＋25 mg/mL N-丙基乙 二胺填料 ↓ 振摇、离心	15 g 样品 ↓ 15 mL 乙腈(含 1%乙酸) 6 g 无水硫酸镁 ＋1.5 g 醋酸钠 ↓振摇 ↓离心 150 mg/mL 无水硫酸镁 ＋50 mg/mL N-丙基乙 二胺填料 ↓ 振摇、离心	10 g 样品 ↓ 10 mL 乙腈 ↓振摇 4 g 无水硫酸镁 ＋1 g 氯化钠 ＋1 g 二水合柠檬酸三钠 ＋0.5 g 五水合柠檬酸三钠 ↓振摇 ↓离心 150 mg/mL 无水硫酸镁 ＋25 mg/mL N-丙基乙 二胺填料 ↓ 振摇、离心

　　净化剂除 PSA 外,还可以是 GCB、C18 和弗罗里硅土。PSA 同时具有极性与弱阴离子交换功能,主要吸附有机酚类、脂肪酸等极性或弱酸性杂质;GCB 对芳香族化合物的吸附大于对脂肪族化合物的吸附,对大分子化合物的吸附大于对小分子化合物的吸附,主要吸附色素及其他环状结构物质;C18 具有弱极性,主要吸附脂溶性杂质;弗罗里硅土主要吸附油脂类化合物。目前也有一些其他新型材料作为吸附剂,如新型碳纳米材料、分子印迹材料等。新型碳纳米材料的去干扰能力是传统 PSA、C18、GCB 等固相萃取净化材料的 3~10 倍,而用量是传统 PSA、C18、GCB 等固相萃取净化材料的 1/10~1/5,降低 1/3 的成本。

　　与其他方法相比,QuEChERS 方法主要有如下优点:①作为一种多残留分析的前处理方法可测定含水量较高的样品,减少样品基质如叶绿素、油脂、水分等的干扰;②稳定性好,回收率高,对大量极性及挥发性农药品种的加标回收率均大于 85%;③采用内标法进行校正,精密度和正确度较高;④分析时间短,能在 30~40 min 内完成 10~20 个预先称重的样品的测定;⑤溶剂使用量少,污染小且不使用含氯溶剂;⑥简便,操作者无须经过良好训练和掌握较高技能便可很好地完成;⑦方法的净化效果好,在净化过程中有机酸均被除去,对色谱仪器的影响较小;⑧样品制备过程中所使用的装置简单。该方法目前在欧盟成员国、美国、日本和中国等国家的市场监测分析中应用广泛。

五 强制挥发提取法

强制挥发提取法是对于易挥发物质,特别是蒸汽压或亨利常数高的化合物,利用其挥发性进行提取的方法。该方法可以不使用溶剂,在挥发提取的同时去除挥发性低的杂质。吹扫捕集法和顶空提取法常用于这类化合物的提取。

(一)吹扫捕集法

吹扫捕集系统主要用于水样中挥发性有机物的分析,适用的农药及其代谢物主要有溴甲烷、甲基异丙腈(MITC)、氧化乙烯、氧化丙烯等。该分析系统的主要构件有吹沸器和捕集管,连接一台气相色谱仪,如图 5-9 所示。

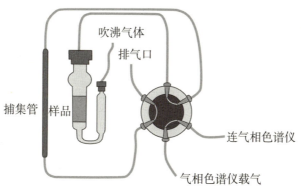

图 5-9 水样中易挥发残留农药的吹扫捕集提取分析系统

其操作步骤是:

(1)吹沸:在常温下,以氮气(或氢气)等惰性气体的气泡通过水样将挥发物(亨利常数大于或约等于 $1×10^{-3}$ atm·m³/mol)带出来。

（2）捕集：吹沸出来的挥发物被气流带至捕集管，被管中的吸附剂吸附、富集。最常用的吸附剂是 Tenax（由 2,6-二苯并呋喃聚酯与 30%石墨的复合物组成），它透过性好、耐 350 ℃高温、水亲和性低、吸附谱广。

（3）解吸：通过瞬间加热使捕集管中的挥发物解吸，并用载气带出，直接送入气相色谱仪。每次使用捕集管前宜在高温下以洁净氮气吹扫以去除残存在管中的有机化合物，但注意高温下不能有氧气进入。

（4）气相色谱法分析：用这种方法可以分析水样中 μg/L～ng/L 级的挥发性残留农药。

（二）顶空提取法

顶空制样是与吹扫捕集法相类似的技术，但它适用于水样及其他液态样品和固态样品。它也可以直接与气相色谱仪连接进行分析。其操作步骤主要有：①加热密封样品瓶，使顶空层分析物平衡；②通过注射器将载气压向样品瓶；③断开载气，使瓶中顶空层气样流入气相色谱仪供分析。

第六章

农产品中农药残留常用检测技术

农产品安全关系国计民生，在保障农产品质量和强化政府监管中，农产品中危害因子检测分析是重要的工作环节之一。农药残留测定方法主要是仪器分析方法和快速分析方法，其中仪器分析方法主要是色谱法和质谱法，快速分析方法主要包括酶活性抑制法和免疫分析法。本章主要介绍几种常用的农药残留测定方法。

▶ 第一节 气相色谱法

一 气相色谱法概述

气相色谱法是一种简易、快速、高效和灵敏的现代分离分析技术，广泛用于环境保护、医药卫生、化学化工、外贸、司法等系统的科研和检验部门，也是农药残留量测定不可或缺的手段。

(一)气相色谱仪基本工作流程

气相色谱仪由 7 个部分组成，其工作流程如下：

1.气路系统

供气系统包括高压钢瓶、减压阀、净化管、稳压阀、压力表、流量计等部件。

2.进样系统

进样系统包括进样器和汽化室。汽化室是一个加热器，它将液体样

品瞬时汽化并预热载气,载气将样品带入色谱柱。

3.分离系统

分离系统包括色谱柱和恒温箱。色谱柱是气相色谱仪的核心部分,样品的分离过程在色谱柱内进行,经分离的组分随载气进入检测器。恒温箱保持色谱柱的温度恒定或按一定程序升温。

4.检测系统

检测系统包括检测器和恒温室。检测器对从色谱柱流出的组分及其含量的变化做出响应,并把这个变化转变成电信号送到放大器,记录成色谱图,它是气相色谱仪的关键部件。恒温室使检测器温度保持恒定。

5.温度控制系统

温度控制系统主要给汽化室、色谱柱恒温箱、检测器室加热,并控制色谱柱恒温箱和检测器保持所需的温度,一般要求控温精度在 0.1~0.5 ℃。

6.信号放大器

信号放大器把检测器输出的信号进行放大。

7.记录和数据处理系统

记录和数据处理系统将信号放大器放大了的信号记录成色谱图或通过数据处理自动记录峰数、保留时间、峰面积并计算出结果。

(二)气相色谱法基本术语

色谱柱流出的组分通过检测器所产生的响应信号对时间或载气流出体积所作的曲线图(图6-1)称为色谱图。

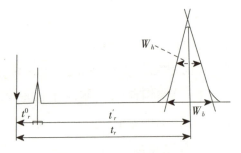

图 6-1　色谱流出曲线图

1.基线

正常操作条件下, 仅有载气通过时检测器所产生的响应信号曲线称为基线。

2.色谱峰

色谱柱流出组分通过检测器时所产生的响应信号曲线称为色谱峰。

3.峰底

峰的起点与终点之间连接的直线称为峰底。

4.峰高

色谱峰最高点到峰底的距离称为峰高。

5.峰宽

在峰两侧拐点处所作切线与峰底相交两点间的距离称为峰宽(W_b)。

6.半高峰宽

峰高的中点作平行于峰底的直线,此直线与峰两侧相交两点之间的距离称为半高峰宽(W_h)。

7.峰面积

峰与峰底之间的面积称为峰面积(A)。

8.死时间

不被固定相吸附或溶解的组分从进样到出现峰最大值之间的时间称为死时间(t_r^0)。

9.保留时间组分

从进样到出现峰最大值时所经过的时间称为保留时间(t_r)。

10.调整保留时间

某组分的保留时间扣除死时间称为调整保留时间(t_r'),即

$$t_r'=t_r-t_r^0$$

11.相对保留值

两组分调整保留时间的比值称为相对保留值(α),即

$$\alpha=\frac{t_{r_2}'}{t_{r_1}'}$$

相对保留值通常作为衡量固定相选择性的指标,又称为选择因子。

(三)操作条件的选择

气相色谱分离条件应综合考虑分离效能、分离度等指标,选择适当的操作条件。

1.柱长

增加色谱柱长会使峰宽加大,分析时间延长。因此填充色谱柱的柱长要选择适当,色谱柱长的选择以使组分分离度达到所期望的值为准。

2.柱径

色谱柱径小有利于减少组分在柱内的分子扩散,提高色谱柱效能,但柱径太小不利于操作,填充色谱柱的柱内径一般以 2~3 mm 为宜。

3.载气及其流速

载气的选择首先要适应所用检测器的要求,同时应考虑载气对柱效的影响。在填充柱色谱中,载气流速一般以氮气(N_2)3~4 mL/min、氦气(He)6~7 mL/min 较为合适,实际分析中载气流速一般大于最佳值。

4.柱温

色谱柱温度是非常重要的色谱参数,直接影响分离效能和分析速度。提高色谱柱温度可以加快传质速度,改善色谱柱效能;同时,又加剧纵向扩散,导致色谱柱效能下降。因此在确定色谱柱温度时,除考虑色谱柱效能外,还应从组分的稳定性、分离度、固定液的使用温度、分析时间等多方面综合考虑。农药多残留等多组分的分析通常采用程序升温的办法解决。

5.担体

粒度细小、装填均匀有利于减小涡流扩散、提高柱效。一般粒度直径为色谱柱内径的 1/25~1/20 为宜。

6.汽化温度

汽化的温度应高于各组分最高沸点,保证所有组分瞬间汽化,否则高沸点组分逐步汽化会造成色谱峰变宽或拖尾,降低色谱柱效能。

7.样品进样量

样品进样量不宜过大,如果进样量超过色谱柱负荷量,则降低色谱柱效能,色谱峰变宽。加大进样量时,要增加色谱柱的内径或提高固定液的涂渍量,以提高色谱柱的负荷能力,但固定液的增加会降低色谱柱效能。适当降低色谱柱温度也可提高色谱柱的负荷能力。

 **色谱柱**

气相色谱柱分为填充柱和毛细管柱两类。色谱柱内填充的固体物质称为固定相,根据固定相的不同,可把气相色谱法分为气固色谱法和气液色谱法。农药残留分析常用的是气液色谱柱,以下简要介绍农药残留分析常用的气液色谱柱。

(一)填充柱

1.色谱柱的材料和形状

色谱柱可用玻璃管、不锈钢管等材料制成。常用的色谱柱形状有 U 形和螺旋形两种,内径一般为 2~4 mm,柱长为 0.5~2 m。

2.气液色谱固定液

气液色谱填充柱内是惰性固体载体上涂渍一薄层固定液的固定相,固定液的不同直接影响待测组分的分离效能,固定液的选择是气相色谱分析的关键环节。

3.担体

担体(也称为载体)为固定液提供一个大的惰性表面,以支撑固定液并使其能在表面均匀铺展形成液膜。

(二)毛细管色谱柱

毛细管色谱柱的内径一般小于 1 mm,它可分为填充型和开管型两大类。目前使用的大多是开管型毛细管色谱柱。毛细管色谱柱显著的特点是效能高、渗透率大、容量小,分辨能力、灵敏度、分析速度及色谱柱的相对惰性都优于填充色谱柱。弹性石英毛细管色谱柱使得操作更方便易行,进样系统的不断完善提高了毛细管气相色谱分析的精密度和准确性,而且大大增加了进样量,进一步提高了灵敏度。农药残留分析已由过去以填充色谱柱为主转变成目前(尤其是对多残留分析)以毛细管色谱柱为主,对多类型多残留或同一类型多残留农药分析毛细管气相色谱是

最有力的工具。

 检测器

检测器是测量经色谱柱分离后流出物质成分和浓度变化的装置,通过化学作用和物理作用,将流出物质成分和浓度的变化转换为电信号。检测器可分为积分型和微分型两大类,其中微分型检测器又分为浓度型和质量型两类,浓度型检测器响应信号的大小取决于组分在载气中的浓度,这类检测器有热导检测器、电子捕获检测器等。质量型检测器响应信号的大小取决于组分在单位时间内进入检测器的量,这类检测器有氢火焰离子化检测器、火焰光度检测器和氮磷检测器。

(一)检测器的性能指标

1.噪声

在没有样品进入检测器的情况下,检测器或放大器本身及其他操作条件(如色谱柱内固定液流失、气化室硅橡胶隔垫漏气、载气波动、温度波动、电压波动、气路漏气等)引起基线在短时间内的起伏称为噪声。基线在一定时间对原点产生的偏离称为漂移。

2.灵敏度

单位时间或单位体积载气内一定量的物质通过检测器时所产生的信号的大小,就是检测器对该组分的灵敏度。

3.检测限

检测器能产生 3 倍于噪声 (N)的信号(S_i)时,组分随载气进入检测器的量为检测器的检测限(D_i,亦称敏感度)(图 6-2)。其定义表达式为:

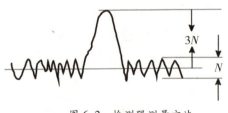

图 6-2　检测限测量方法

$$D_i=\frac{3N}{S_i}$$

4.最小检出量和最低检测浓度

产生 3 倍于噪声信号的组分的量称为检测器的最小检出量(m)。最小检出量与检测限是两个不同的概念，检测限只用来衡量检测器的性能，而最小检出量不仅与检测器性能有关，还与色谱柱效能及操作条件有关。根据最小检出量和进样体积可以计算最低检测浓度。

5.线性范围

线性范围指被测组分的量与检测器响应信号呈线性关系的范围，通常用保持线性的最大进样量与最小检出量的比值表示。

6.响应时间

进入检测器的组分输出信号达到其真值的63%所需的时间称为响应时间。检测器的死体积小，电路系统的滞后现象小，响应速度就快，响应时间就短。

(二)常用检测器

1.火焰离子化检测器

火焰离子化检测器能检测大多数含碳有机化合物，其结构简单、性能稳定、灵敏度高、响应快、线性范围宽,用于脂肪酸等物质的测定。

2.火焰光度检测器

火焰光度检测器也称硫、磷检测器,对含硫、磷化合物具有较高的选择性和灵敏度,检出限可达 10^{-12} g/s（对 P）或 10^{-11} g/s(对 S),广泛用于有机硫和有机磷农药残留量测定。

3.电子捕获检测器

电子捕获检测器是一种选择性检测器,对具有电负性的物质(含有卤素、硫、磷、氮、氧、氰的物质)具有很高的灵敏度。电负性越强,检测器的灵敏度越高;对电中性的物质(如烷烃等)则无信号。电子捕获检测器已广泛地用于农药残留分析。

4.氮磷检测器

氮磷检测器是由热离子检测器发展而来的,而热离子检测器用氢火

焰将样品离子化并加热碱源,碱源是可挥发性的碱金属(如钠盐),使用寿命短,检测器的灵敏度难以保持稳定。1974年首先研制的可测定氮或磷化合物的碱源(铷珠),由碳酸铷和二氧化硅按一定比例烧结而成,以白金丝作支架并与珠加热器相连,采用电流加热,使用寿命长。

5.原子发射检测器

原子发射检测器是20世纪90年代产生的一种新型检测器。当被激发的原子转变到较低的电子能级时即发射出特征频率的光谱线,经分光后,含有光谱信息的全部波长聚焦到二极管阵列。用电子学方法及计算机技术对二极管阵列快速扫描,采集数据,最后可得三维色谱光谱图。

四　气相色谱法的定性分析与定量分析

(一)气相色谱法的定性分析

气相色谱法是一种高效、快速的分离分析技术,可以在较短时间内分离多种甚至几十种、上百种组分的混合物,这是其他方法无法比拟的。但是气相色谱本身不具备鉴定功能,定性分析的主要依据是保留时间,这给定性分析带来一定难度。气相色谱与质谱、光谱等联用,既充分利用了色谱的高效分离能力,又利用了质谱、光谱的高鉴别能力,加上运用计算机对数据的快速处理和检索,为未知物的定性分析开辟了广阔的前景。

(二)气相色谱法的定量分析

气相色谱法的定量分析就是根据色谱峰的峰高或峰面积来计算样品中各组分的含量。常用的定量方法有外标法和内标法。

1.外标法

外标法是将已知浓度的标准样品与待测样品在完全相同的条件下进行色谱分析,以二者的峰高或峰面积的比较计算样品的含量,有直接对比法和标准曲线法。直接对比法是待测样品与标准样品的峰值直接比较计算样品含量;标准曲线法以标准样品作浓度与峰值关系图,然后根据测得的待测样品峰值从峰值–浓度关系曲线图计算浓度。

外标法较为简便，不需要校正因子，但要求进样量必须准确，操作条件也需严格控制。

2.内标法

内标法是在试样中加入能与所有组分完全分离的已知量的内标物质，用相应的校正因子校正待测组分的峰值，并与内标物质的峰值进行比较，求出待测组分含量的方法。

内标法中内标物的选择：内标物色谱峰的位置在各待测组分之间或与之相近；内标物稳定性好，与样品不发生化学反应；内标物在样品中具有很好的溶解性；内标物浓度适当，峰值与待测组分相近。

▶ 第二节　高效液相色谱法

一 高效液相色谱法概述

高效液相色谱法是 20 世纪 60 年代末期，在经典液相柱色谱的基础上，引入气相色谱的理论和技术，并加以改进而发展起来的新型高效分离分析技术。它是指流动相为液体的色谱技术，采用高压泵、小颗粒高效固定相和高灵敏度检测器，实现了分析速度快、分离效率高和操作自动化。高压是高效液相色谱法的突出特点，系统内压力可达 15~35 MPa。由于流动相流经色谱柱时，柱内填料细密，受到阻力很大，为使流动相携带组分迅速通过色谱柱，进入检测室，就必须对流动相施以高压。由于化学键合固定相的出现，使高效液相色谱柱效能、分离效率大大提高。

高效液相色谱法是农药残留分析不可缺少的手段。高效液相色谱仪也是农药残留分析实验室必备的仪器设备之一。它解决了热稳定性差、难以汽化、极性强等农药残留分析问题。随着高灵敏、通用型检测器的成

功开发及应用,高效液相色谱法能胜任绝大多数农药残留分析任务。

(一)高效液相色谱法的基本流程

高效液相色谱仪由输液系统、进样系统、分离系统、检测系统、计算机控制和数据处理系统(含工作站软件)组成,其工作流程如下:

1.输液系统

输液系统一般由储液器及脱气装置、高压输液泵、梯度洗脱装置构成,其功能是给分离系统提供稳定的能将混合组分分离的高压液体。

2.进样系统

进样系统通常由手动六通进样阀或自动进样器组成。利用进样系统可以实现取样和进样两个目的。当采用进样器定量时,定量管的体积要比进样量大。

当前的高效液相色谱仪都可以选配自动进样器装置。自动进样器在程序控制器或计算机控制下可自动完成取样、进样、清洗等一系列操作,使用者只需预先编制程序,将处理好的样品按顺序装入储样装置即可。自动进样器的优点是可以提高工作效率,延长有效工时。这一点在梯度洗脱、多残留分析或方法建立时非常有用;缺点是价格较贵,故障率高,样品瓶需要经过严格的清洗程序。

3.分离系统

分离系统包括保护柱、色谱柱及柱恒温箱,是高效液相色谱仪的核心部位。保护柱起到保护色谱柱的作用,固体微粒、污染物首先被保护柱阻挡。保护柱可以定期清洗或更新。当发现有鬼峰或分离度下降时,首先应考虑保护柱是否被污染。保护柱和色谱柱要配套使用,填料一致,才能真正起到保护作用,即 C18 色谱柱就要用 C18 保护柱。通用型的保护柱一般与色谱柱通过管路连接,也有一体式的保护柱套直接同色谱柱对接。色谱柱又是核心的核心,起到对进入色谱系统混合组分分离的作用,即混合组分从色谱柱进口刚进入时,各组分都站在同一条起跑线上,经分离后,从柱尾端洗脱出,逐一进入检测系统。

4.检测系统

检测系统一般由独立的检测器或附属部件构成,其功能是将物理或化学特性转变为可处理的电信号,如紫外检测器、荧光检测器、电化学检测器、质谱检测器。

5.计算机控制和数据处理系统(含工作站软件)

计算机控制和数据处理系统(含工作站软件)一般由控制硬件和软件、数据处理软件包及计算机组成。

二 流动相和固定相

(一)流动相

流动相是影响分离的一个重要调节因素。一种理想的液相色谱流动相溶剂应具有低黏度、检测器兼容性好、容易回收、低毒等特性。为了获得较好的分离和选择性,流动相常采用改性剂,农药残留分析应用较多的改性剂有甲酸、乙酸、甲酸铵、乙酸铵等。

对常用流动相的要求:现在能够购买到大多数 HPLC 级、PR 级的溶剂用于农药残留分析,实验室已很少自行处理制备溶剂。流动相中许多溶剂都有一定毒性,在实验过程中注意采取防护措施,譬如具有良好的通风设施并能正常工作。常用流动相溶剂有如下几种:

1.水

水是反相高效液相色谱法最重要的溶剂,它也是最难纯化和保持其特性的流动相溶剂之一。特别是在痕量分析检测器处于高灵敏度状态时,水的纯度(理论上水电阻率约为 18.2 $M\Omega \cdot cm$)至关重要。长时间使用纯度满足不了要求的水,有时会出现鬼峰、怪峰。水的纯化可以采用蒸馏、离子交换、超纯水制备系统等方法。水中有机物可以用高锰酸钾或通过一根 C18 柱去除。电蒸馏水或去离子水必须至少在全玻璃系统下重蒸馏一次,过滤、脱气后才能上机使用。在使用电化学检测器或其他高灵敏度检测器时,二次蒸馏设备需要采用全石英玻璃系统。水中容易滋生

微生物,一定要用新鲜的水,最好每天换水,夏季更换时间最长也不要超过3天。

2.乙腈

乙腈为反相高效液相色谱常用的溶剂之一,检测试剂纯度要求为色谱纯。

3.甲醇

甲醇是反相高效液相色谱常用的溶剂之一,检测试剂纯度要求为色谱纯。

4.氯代烃类溶剂

在正相高效液相色谱中常用的二氯甲烷等氯代烃类溶剂中,添加稳定剂甲醇或乙醇。乙醇能够提高流动相的极性,缩短正相高效液相色谱分析中各组分的保留时间。各批次之间浓度的变化也许会影响重复性。国内市场上可能不容易买到不含稳定剂的氯代烃类溶剂,但是可以用氧化铝柱吸附的办法或者用水提取的方法去掉稳定剂。不含稳定剂的氯代烃类溶剂会缓慢分解,特别是与其他溶剂共存时。分解生成的盐酸会腐蚀不锈钢部件。以戊烯为稳定剂的氯代烃类溶剂可避免产生上述问题。

5.醚类溶剂

这类溶剂中常添加稳定剂防止其氧化,如四氢呋喃中加有对苯二酚,这种稳定剂能够吸收紫外,干扰紫外检测。可以在蒸馏中加入氢氧化钾去除。另外,这类溶剂中的氧化物可用氧化铝柱吸附净化。

(二)固定相

固定相亦称填料。液固吸附色谱法色谱柱中的填料就是以硅胶为主的吸附剂。液液分配色谱法色谱柱中的填料则是以超纯硅胶或杂化颗粒等为载体,载体表面上键合固定液。

手性固定相是今后液相色谱法固定相的研究方向,因为约25%的农药品种具有手性对映体,而且手性对映体的活性、降解代谢和残留特点存在着差异。目前商品化的手性色谱柱还难以满足要求,手性固定相有配体交换型固定相、环糊精型手性固定相、高聚物手性固定相、蛋白质手性亲和固定相等。

三 色谱柱

高效液相色谱使用的色谱柱管通常由优质不锈钢制成，内径均匀，抛光，无轴向沟槽，可耐压 100 MPa。常用分析型色谱柱内径为 3~4.6 mm，长度为 100~250 mm。内径 3 mm 的柱子也被称为节省溶剂柱。依色谱柱内径尺寸还有窄径柱(2.1 mm)和微径柱(1.0 mm)之分，这类色谱柱适合于液相色谱质谱联用分析。在建立分析方法时可先考虑使用短柱，如果需要特别高的分离度，再用长柱。填料粒度通常为 3~10 μm。5 μm 粒度色谱柱通常兼顾了柱效、重现性、可靠性和耐用性。3 μm 粒度色谱柱通常可以实现快速分析，但粒度较细而易堵塞，对过滤要求较高。一般认为 C18 是键合了十八烷基碳链的反相固定相的总称。

四 检测器

在液相色谱检测器的发展过程中，先后出现过 40 多种检测器，目前广泛应用的有十几种。在农药残留分析上应用的主要有紫外可见光检测器(包括光栅型和二极管阵列型)、荧光检测器、电化学检测器、质谱检测器等。

(一)检测器的分类

高效液相色谱仪的检测器按其性质、应用范围、测量原理等可以有多种分类方法。目前一般分为两大类:通用型检测器和专用型检测器。

1.通用型检测器

通用型检测器也称为总体性能检测器。它可连续测量色谱柱流出物(包括流动相和待测物)的全部特性变化，通常采用差分法测量。这类检测器有电导检测器、示差折光检测器等。通用型检测器适用范围广，但由于对流动相有响应，易受温度、流速和流动相组成变化的影响，通常灵敏度低且不宜用于梯度洗脱。

2.专用型检测器

专用型检测器也称为溶质性能检测器。它可测量被分离样品某种组分特性的变化。这类检测器对样品中组分的某种物理性质或化学性质敏感,而流动相不具备这类性质或在操作条件不显示这类性质。这类检测器包括紫外检测器、荧光检测器等。

(二)检测器的性能指标

高效液相色谱使用的检测器对噪声、漂移、灵敏度、检出限、线性范围和响应时间有一些基本的要求。表6-1列出了几种常见高效液相色谱检测器的性能。

表6-1 常见高效液相色谱检测器性能一览表

规格	紫外检测器（UV）	荧光检测器（FLD）	电化学检测器（ECD）	蒸发光散射检测器（ELSD）
类型	专用	专用	通用	通用
梯度洗脱	能	能	不能	能
线性范围	10^4	10^5	10^5	10^6
检出限(g)	10^{-10}	10^{-14}	10^{-8}	10^{-9}
对流速敏感性	无	无	有	无
对温度敏感性	低	低	2%	低
信号单位	吸光度(A)	荧光度	电导率($\mu S/cm$)	光散射

(三)常用检测器

1.紫外可见光检测器

紫外可见光检测器通称紫外检测器,是液相色谱仪应用最广泛的检测器,为高效液相色谱仪的基本配置,在各种检测器中其使用率高达70%,对有紫外吸收的化合物均有响应,既可测 190~350 nm 光谱范围的紫外光吸收变化,又可向 350~900 nm 可见光谱范围延伸。紫外检测器主要有以下特点:灵敏度高;噪声低;检出限低;对流动相组成的变化或温度变化不敏感,适于梯度洗脱;对无紫外吸收的物质无响应或响应很小,容易选用在检测波长下无紫外吸收的流动相,如乙腈、水等;为非破坏性检测器,可用于制备色谱或与其他检测器联用,结构简单,操作方便,便于维修。

2.二极管阵列检测器

二极管阵列检测器为采用二极管换能的紫外检测器,亦称 PDA。二极管阵列检测器可以同时获得吸光度、波长和时间的三维谱图,可以做出任意时间下的吸光度–波长曲线,能反映一种农药在所设置的紫外波段范围的整体吸收情况。

3.荧光检测器

许多化合物有光致发光现象,荧光属于其中的一种。化合物受到入射光的照射后,吸收辐射能,发出比吸收波长长的特征辐射,当入射光停止照射时,特征辐射也很快消失,这种辐射光线就是荧光。在相对条件下,物质的荧光强度与该物质溶液浓度呈正比,这是荧光检测器的定量分析的依据。

4.电化学检测器

电化学检测器是根据电化学原理和物质的电化学性质进行检测的。在液相色谱中对那些没有紫外吸收或不能发出荧光但具有电活性的农药,可采用电化学检测法。

▶ 第三节 高效薄层色谱法

一 高效薄层色谱法概述

薄层色谱法是 20 世纪 50 年代从经典色谱法及纸色谱法的基础上发展起来的一种微量分离分析方法。

20 世纪 80 年代以来,随着薄层色谱法的仪器化,出现了高效薄层色谱法,也称现代薄层色谱法,这是在普通薄层色谱法的基础上发展起来

的一种更为灵敏的定量薄层分析技术。高效薄层色谱法将样品在高效薄层板上进行分离,在点样、展开等薄层色谱步骤中应用一整套现代化仪器来代替传统的手工操作,再配以薄层扫描仪进行测定,可以得到分辨率和灵敏度高的色谱图,大大提高了定量分析的重现性和准确度。在农药残留分析中,高效薄层色谱法已成为高效液相色谱法、气相色谱法等检测手段的一种重要补充,近年来已应用于食品、饮用水、环境样品(土壤、地表水、废水)、生物样品等不同基质中残留农药的检测。

(一)高效薄层色谱法的操作流程

虽然高效薄层色谱法在较为昂贵的现代化仪器的装备下已具备较高的自动化程度,分析效率也大为提高,但是其操作过程仍是与经典薄层色谱法基本相同,见图 6-3。

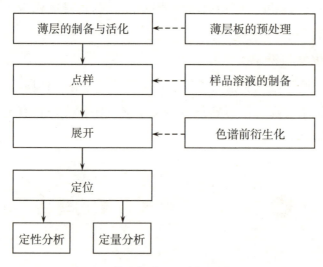

图 6-3 薄层色谱法操作流程图

▶ 第四节　色谱质谱联用技术

一　气相色谱质谱联用仪

气相色谱质谱联用仪是色谱联用技术中最成熟、最早商品化的仪器,现已成为农药残留分析实验室的常规分析仪器设备。气相色谱质谱联用通常指气相色谱仪和质谱仪的在线联用技术,可用于农药单残留或多残留的定性分析和定量分析。其中气相色谱仪作为质谱仪的特殊进样器,利用它对各种农药及其降解代谢产物强有力的分离能力,使进入系统的混合物被逐一分离后,按时间顺序依次进入质谱离子源;质谱仪是气相色谱仪"理想"的检测器,能获得依次进入离子源的各种农药的质谱图,进而检索分析确定其结构或定量分析。

气相色谱和质谱联用于 1957 年首次实现,这一联用技术成为目前农药残留分析定性确证的主要手段之一。在许多情况下,也可以考虑用气相色谱质谱联用仪的选择反应监测模式进行定量分析,但是灵敏度有时还无法满足相应法规的要求。目前,农药残留分析实验室配备气相色谱三重四极杆质谱仪是定量分析的最佳选择。

(一)气相色谱质谱联用仪的基本构造

气相色谱质谱联用仪由气相色谱仪、接口、质谱仪和计算机系统组成。具体功能为:气相色谱仪是混合样品的组分分离器,接口是样品组分的传输线和气相色谱、质谱两机工作流量或气压的匹配器,质谱仪是试样组分的检测器,计算机是整机工作的指挥器、数据处理器和分析结果输出器。气相色谱仪的流动相通常采用氦气,其电离电位为 24.6 eV,是气体中最高的,它难于电离,不会因基流不稳而影响色谱图的基线;其分子质量只有 4,容易与其他组分分子分离。另一方面,它的质谱峰简单,不干

扰后面的质谱峰。氢气的纯度应要求达到99.995%,否则会影响质谱的本底。另外,色谱柱的选择较为严格,一般用于气相色谱分析的色谱柱流失物较多,影响检测器灵敏度。因此必须选择低流失的气相色谱质谱专用的色谱柱。气相色谱质谱联用仪也可以配备气相色谱仪常用的选择性检测器来满足相应检测的要求。

接口通常为直接导入型接口。色谱柱流出物通过接口全部导入质谱离子源。如将毛细管色谱柱的末端直接插入质谱离子源内,柱的流出物直接进入电离盒区,然后被高真空泵组抽走排入大气。接口只起到保护插入段毛细管柱和控制温度防止样品冷凝的作用。这种接口的优点是构造简单和100%的产率,其缺点是无浓缩的作用。这种接口所接的色谱柱的口径通常要受到涡轮分子泵排气量的制约,如 50 L/s 的涡轮分子泵只能与小口径的毛细管柱(0.25 mm)匹配;若用大口径的毛细管柱或填充柱只有采用 150 L/s 或更大排气量的涡轮分子泵才能正常工作。分流型接口、喷射式分子分离器技术已经淘汰。

(二)气相色谱质谱联用仪的操作要点

凡是适用于气相色谱法的农药残留分析工作,气相色谱质谱联用仪基本上都能胜任,而且定性、定量工作一次完成。唯一的缺陷是单级质谱检测器有时尽管采用 SIM 模式工作,其灵敏度也比气相色谱的选择性检测器要低,这样只有通过加大样品量,提高浓缩倍数或加大进样量来解决,但在实际分析工作中会受到一定影响,如加大样品量会给净化带来困难,提高浓缩倍数质谱本底变高,加大进样量受到毛细管色谱柱承载量的限制。高灵敏度的气相色谱质谱联用仪在农药残留分析中的应用给检测带来了革命性的变化。

气相色谱质谱联用仪在农药残留分析应用上是比较成功的,特别适合于环境监测和食品质量安全控制。在样品的前处理上也没有特殊要求,抗干扰能力强。根据干扰离子碎片的情况,对定量分析的离子碎片选择也有较大的灵活性。样品前处理做得好,可以降低本底值,提高定量分析结果的准确度。在操作上,要注意使用耐高温、低流失的进样硅胶垫,注意毛细管柱的接口,与气化室连接处用石墨垫,与接口连接处用聚氨酯垫。

气相色谱质谱分析成功的首要条件是先摸清楚混合物分离的气相色谱条件。在气相色谱法中,一切有利于试样色谱分离的方法都可以采用。在质谱仪参数设置上,要注意质量范围、分辨率和扫描速度。还要注意检测器的电压不要设置太高,以免缩短检测器的使用寿命。气相色谱质谱联用仪的自动化程度很高,但不同生产厂家的软件界面和操作方法会有很大区别。气相色谱质谱联用仪操作人员要经过良好的培训才能上机开展分析工作。

二 液相色谱质谱联用仪

液相色谱质谱联用仪通常指高效液相色谱仪或超高效液相色谱仪与质谱仪的在线联用。与气相色谱质谱联用仪类似,液相色谱质谱联用仪中的液相色谱仪作为质谱仪的分离系统和进样系统,与气相色谱质谱联用仪的区别是液相色谱质谱联用仪适合于大多数农药品种的残留分析,特别是热不稳定、难挥发的农药残留的快速定性和定量分析。

液相色谱质谱联用仪的研究起步于 20 世纪 70 年代,解决了除去液相色谱溶剂和寻找合适的电离技术两大难题,取得了长足的进展,出现了商品化的仪器设备大量流动相主要是依靠加热模块和大量的氮气排除的。由于用液相色谱分离的农药有极性高、挥发度低、易热分解或大分子的特点,因此经典的电子轰击电离和化学电离的离子化方式并不适用,由此才开发出电喷雾电离、大气压化学电离等软电离技术。目前,用于农药残留分析的主要是采用电喷雾电离、大气压化学电离等电离技术的液相色谱质谱联用仪。

(一)基本构造

液相色谱质谱联用仪由高效液相色谱仪、接口、质谱仪和计算机系统组成。在液相色谱质谱联用仪中,高效液相色谱仪采用的分离类型以反相应用得最多,问题解决得最好。其次为正相液相色谱仪。离子交换色

谱应用得少,主要原因是流动相中大量的辅助试剂,很容易造成接口堵塞或严重干扰电离。在液相色谱质谱分析中,普通分析柱(内径 4.6 mm)由于受流量、柱效的限制,已很少应用。色谱柱应用最广泛的是小口径柱,如 3.0 mm、2.1 mm 色谱柱。电喷雾电离离子源是最常用的离子源。对于经常需变换各种流速的液相色谱,大气压化学电离离子源也是较为理想的接口,它的高电离效率已成为较理想的液质接口之一。它的灵敏度高,可以测出几十皮克(pg)的农药。

(二)液相色谱质谱仪的特点

凡可用高效液相色谱或超高效液相色谱进行残留分析的农药品种,基本上都可以采用液相色谱质谱联用的方法。在实际分析过程中,要综合考虑各方面的因素,确定最后采用的分离检测模式和方法。

由于液相色谱质谱联用仪均采用软电离技术,因此目前无标准质谱库供检索使用,使其在农药残留定性分析实用性、准确性、快速性方面逊色于气相色谱质谱联用仪。所以现有的检测结果通常不像气相色谱质谱联用仪可以用计算机进行检索,给出相似度值,而是大多数情况下要手工进行解析,综合判断。采用高分辨质谱进行精确质量分析,可以大大缩小分子式范围,逐步摆脱标准质谱数据库的束缚。对于农药残留物确证拥有其标准物质还是必要的。

▶ 第五节 快速分析技术

经典的农药残留分析主要依靠色谱、色谱质谱联用等理化分析技术,需要训练有素的分析技术人员、专业化的实验室和仪器设备,分析样品的制备过程相对复杂,分析时间长、成本高,难以适应大量样品和现场样品快速检测的要求。酶活性抑制分析、酶联免疫吸附测定、胶体金免疫层析法等生物分析技术测定农药残留,可以实现对大量样本进行现场快速筛查定性分析和初步定量分析,因此受到人们越来越多的关注。当然,目前快速分析技术仅适用于疑似问题农产品的初筛,检测结果不具有法律效力,不能作为执法依据。目前,用于农药残留快速分析的技术主要有两类:一类是酶活性抑制分析法,另一类是免疫分析法。

一 酶活性抑制分析法

有机磷酸酯和氨基甲酸酯是两类重要的有机合成农药,一直是农副产品尤其是果蔬中农药残留的主要检测对象之一。果蔬是比较特殊的农产品,许多蔬菜(如叶菜)的生长和收获期短,生长季节病虫害防治引起的农药残留问题较多,成为农产品安全监控的重点。但蔬菜(特别是叶菜)的保鲜期很短,如采用常规色谱、波谱和色谱质谱联用法检测,没等检测完毕,蔬菜就已经失去了食用价值。因此用于快速检测蔬菜等农副产品中有机磷酸酯和氨基甲酸酯类农药残留的酶活性抑制技术以及产品被广泛研究和开发利用。

酶抑制法是利用有机磷酸酯或氨基甲酸酯类农药对胆碱酯酶的抑制作用,在加入一定量酶反应底物和胆碱酯酶的条件下,进行催化反应,通过底物被酶催化的程度来判断样品中是否含有较高剂量的有机磷酸酯或氨基甲酸酯类农药。酶抑制法是目前应用最为广泛的农药残留快速检测方法,被用于农产品批发市场、农贸市场、商超和基层监管部门的快检实验室中。该法检测时间短,整个检测过程最多需要 20 min,灵敏度较高,对操作人员的要求、成本消耗及后期维护的费用均较低。目前,以酶抑制法为原理的分光光度法与速测卡法得到了广泛应用。

二 免疫分析法

免疫分析是一种以抗原抗体特异性识别与可逆结合反应为基础的对目标分析物进行定性分析和定量分析的技术。与常规理化分析相比,免疫分析具有选择性好、灵敏度高、分析容量大、简便快捷、成本低、安全

可靠等优点。基于免疫化学技术开发的免疫检测试剂盒和检测卡,可应用于大量现场样品的快速检测。

20世纪90年代以来,农药、兽药等小分子化合物免疫分析技术的研究和开发进展迅速,在粮食、水果、蔬菜、茶叶、蜂蜜、肉、蛋、奶等农副产品和水、土壤等环境样品中的农药、兽药残留物快速监控方面发挥了重要作用。世界粮食与农业组织(FAO)向许多国家推荐免疫分析技术,美国化学会将免疫分析、色谱分析(包括气相色谱和高效液相色谱)共同列为农药残留分析的主要技术,免疫检测结果也被列为具有法律效力的证据,成为20世纪后期以来研究开发和应用的热点之一。

1.酶联免疫吸附测定法

酶免疫分析法是利用特定的酶(如过氧化物酶、碱性磷酸酯酶等)来标记抗原或抗体,利用抗原抗体反应的特异性和酶催化显色反应的高效性对抗原抗体反应进行示踪和检测。较为经典的方法为酶联免疫吸附测定法(ELISA)。该法是将抗原抗体的特异性反应与酶对底物的高效催化作用相结合的免疫分析技术。将抗原或抗体固定于固相(如聚苯乙烯微孔板表面),抗原抗体反应平衡后,洗涤除去多余的游离物,结合在固相上的酶标记物催化底物反应使显色剂显色,通过测定酶促显色强度对抗原抗体反应进行检测。在实际应用中,检测大分子抗原多采用双抗体夹心法。检测农药、药物等小分子采用间接竞争酶联免疫吸附测定法、包被抗原直接竞争酶联免疫吸附测定法和包被抗体直接竞争酶联免疫吸附测定法。

目前已建立了多种有机磷类、氨基甲酸酯类、拟除虫菊酯类等农药的酶联免疫吸附测定法,有些已开发成商品化免疫检测试剂盒。酶联免疫吸附测定法是目前应用最多的农药残留免疫分析技术。

2.胶体金免疫层析法

胶体金标记免疫分析通常采用紫红色的纳米金颗粒来标记抗体,当金标抗体聚集到一定密度时,出现肉眼可以观察的紫红色,从而可对抗原抗体反应结果进行定性测定或半定量测定。目前通常采用竞争模式的免疫层析法测定农产品中农药、兽药、真菌毒素等小分子化合物残留。

检测过程如下：把样品加到试纸条下端的加样孔上，样品通过毛细管作用沿试纸条向吸水垫方向移动，被溶解的金标抗体与样品中的抗原结合。当样品和金标抗体的混合液移到检测线时，未与样品中抗原结合的金标抗体与检测线上的抗原结合，形成红色 T 线，而未与检测线上抗原结合的金标抗体继续移动到控制线并与上面的第二抗体结合，形成红色 C 线。若检测过程中 C 线没有出现颜色，表明检测无效，见图 6-4。

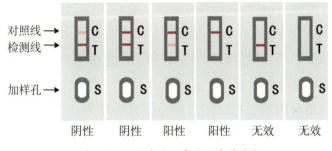

图 6-4 胶体金试纸条检测农药残留

此法具有操作简单、快速、灵敏度高、特异性强、检测费用低等优点，只需简单的仪器设备和对操作人员进行一定的专业培训，其灵敏度与常规的仪器分析一致，且适合现场即时检测。目前，市场销售的胶体金试纸条可实现克百威、三唑磷、氟虫腈、水胺硫磷、甲基异柳磷、腐霉利、毒死蜱、高效氯氰菊酯、丙溴磷、敌百虫、氧乐果等十余项农药残留检测，以及氯霉素、链霉素、磺胺类、四环素类、呋喃类、盐酸克伦特罗（瘦肉精）等兽药残留检测。

第七章　农药残留分析实验室质量控制

农药残留分析属于痕量分析范畴,分析农药种类多,样品基质成分复杂,分析中投入的成本高。分析结果经常作为农产品、食品质量是否合格的决定性依据,具有仲裁性和责任性。如果没有严格、科学的质量保证和质量控制程序,难免出现分析结果不准确而造成决策失误、浪费等现象。因此做好农药残留分析的质量控制是产生准确、可靠的农药残留分析数据的重要前提和保证。

农药残留分析质量控制的目的是使分析结果达到预定的准确和精密程度。为了达到这一目的所应采取的措施和工作步骤都是事先规划好的,通过一系列的规约加以确定,并要求有关分析人员按照规约操作,由此使分析过程处于受检状态。

▶ 第一节　农药残留分析实验室的基础条件

实验室是获得农药残留分析结果的关键场所,要使农药残留分析质量达到规定水平,必须有合格的实验室和合格的分析操作人员。农药分析实验室的基础条件包括仪器的正确使用和定期校正、玻璃仪器的选用和校正、化学试剂和溶剂的选用、溶液的配制和标定、实验室的清洁度和安全工作、分析人员的操作技术等。

一 试剂要求

（一）实验室用水

分析实验室用水分为 3 个级别：一级水、二级水和三级水。一级水用于严格要求的分析试验。一级水可用二级水经过石英设备蒸馏或离子交换混合床处理后，再经 0.2 μm 微孔滤膜过滤来制取。二级水用于无机痕量分析等试验，如原子吸收光谱分析用水。二级水可用多次蒸馏或离子交换等方法制取。三级水用于一般化学分析试验，可用蒸馏或离子交换等方法制取。农药残留分析实验室用水须应用二级以上的水，注意水蒸馏时要用石英设备蒸馏。高效液相色谱分析用水应选用一级水。

（二）试剂

化学试剂根据纯度和用途不同分为很多种类。常用试剂分为 3 个级别，其规格见表 7-1。农药残留分析中所用试剂均应为二级或二级以上。现在农药残留分析实验室常用市售色谱纯试剂，相当于一级试剂，也就是所谓的农药残留级试剂。高效液相色谱仪流动相一般使用色谱纯溶剂。

表 7-1　化学试剂的规格

级别	名称	代号	标志颜色
一级	优级纯	GR	绿色
二级	分析纯	AR	红色
三级	化学纯	CP	蓝色

二 实验室的环境条件

实验室空气中如含有固体、液体的气溶胶和污染气体，会导致痕量分析和超痕量分析产生较大误差。实验室应按照样品存储、天平称量、样品制备、仪器分析等划分功能区。农药残留分析中常用的高灵敏度仪器（气相色谱仪、高效液相色谱仪等），应在洁净的、单独的实验室中使用，

不能和样品制备实验室混在一起。

样品制备操作应在专门的通风橱内进行,几种分析同时进行时应注意防止相互交叉污染。实验室内须设各种必备的安全设施(通风橱、防尘罩、排气管道、消防灭火器材等),并应定期检查,保证随时可供使用。使用电、气、水、火时,应按有关使用规则进行操作,保证安全。

三 人员要求

农药残留分析人员满足下述要求:

(1)应具有大专以上的文化水平,经培训、考试合格后才能承担农药残留分析工作;

(2)熟练地掌握本岗位的残留分析技术,对承担的残留分析项目要做到理解原理、操作正确、严守规程、准确无误;

(3)接受新项目前,应在测试工作中达到规定的各种质量控制实验要求,才能进行项目的残留分析;

(4)认真做好分析测试前的各项技术准备工作,实验用水、试剂、标准溶液、器皿、仪器等均应符合要求,方能进行分析测试;

(5)负责填报残留分析结果,做到书写清晰、记录完整、校对严格、实事求是;

(6)及时地完成分析测试后的实验室清理工作,做到现场环境整洁,工作交接清楚,做好安全检查。

另外,农药残留分析实验室内要有质量保证专职或兼职人员,负责农药残留分析的质量保证工作。农药残留分析质量保证人员应熟悉质量保证的内容、程序和方法,了解农药残留分析环节中的技术关键,掌握相关的数理统计知识等。

四 管理规定

(一)样品管理规定

样品的登记、验收和保存要按以下规定执行。

采好的样品应及时贴好样品标签,填写采样记录。将样品连同样品登记表、送样单在规定的时间内送交指定的实验室。填写样品标签和采样记录需使用防水墨汁,最好用铅笔填写。

如需对采集的样品进行分装,分样的容器应和样品容器材质相同,并填写同样的样品标签,注明"分样"字样,同时对"空白"和"副样"也都要分别注明。

实验室应有专人负责样品的登记、验收。其内容包括样品名称和编号、样品采集点的详细地址和现场特征、样品的采集方式、是单独样品还是混合样、采样日期和时间、采样人签名、送样人签名及登记验收人签名。

(二)药品管理规定

实验室使用的化学试剂应有专人负责管理,分类存放,定期检查使用和管理情况。

易燃、易爆物品应存放在阴凉通风的地方,并有相应安全保障措施。易燃、易爆试剂要随用随领,不得在实验室内大量积存。保存在实验室内的少量易燃品和危险品应严格控制、加强管理。

剧毒试剂应由双人负责管理,加双锁存放,批准使用,两人共同称量,登记用量。

取用化学试剂的器皿(如药匙、量杯等)必须分开,每种试剂用一件器皿,洗净后再用,不得混用。

使用有机溶剂和挥发性强的试剂,操作时应在通风良好的地方或在通风橱内进行。任何情况下,都不允许用明火直接加热有机溶剂。

(三)仪器管理规定

各种精密贵重仪器及贵重器皿要由专人管理,分别登记造册、建卡立档。仪器档案应包括仪器说明书、验收和调试记录、仪器的各种初始参数、定期保养维修记录、检定记录、校准记录、使用情况的登记记录等。

精密仪器的安装、调试、使用和保养维修均应严格遵照仪器说明书的要求。上机人员应经考核,考核合格后方可上机操作。

使用仪器前应先检查仪器是否正常。仪器发生故障时,应立即查清原因,排除故障后方可继续使用,严禁仪器带故障运转。

仪器用完之后,应将各部件恢复到所要求的位置,及时做好清理工作,盖好防尘罩。

仪器的附属设备应妥善安放,并经常进行安全检查。

第二节　农药标准物质

农药残留定量检测,绝大多数是借助于大型精密仪器实现的。这些定量分析方法通常为比较法,即用农药标准物质校准分析仪器,以其峰面积或峰高值为基准来计算出样品中某种农药的残留量。因此,农药标准物质是开展农药残留分析工作的先决条件,也是确保测定结果准确的物质基础。

农药标准物质既然是一个基准尺度,分析工作者对它的要求就非常严格。如果它不符合要求,就会在分析检测过程中将不准确的信息传递到被测定的样品中去。本来农药残留量不超标的样品,由于农药标准物质标定值偏低,最后的检验结果可能是不合格,反之亦然。所以从这一点来讲,农药标准物质不在于纯度有多么高,而在于它的标定值必须准确无误,且在多组分残留分析时无干扰组分。

农药标准物质在农药残留分析中的主要作用包括日常校准,确定分析仪器系统的工作状态,进而出具检测报告或数据;用于添加到样品中进行内部质控;用于测定方法的建立或验证已有方法。另外,有资质的第三方质量检验机构必须采用有证农药标准物质,才能开展农药残留的检验工作,并依据相关标准中规定的限量值进行判定。

农药标准物质来源于农药纯品。农药纯品一般只能用于教学、科学研究、方法的建立等,而不能用于开展执法性质的农药残留检验工作和对样品中农药残留检验项目的仲裁工作。农药标准物质是实现农药残留准确一致的测定、保证量值传递的计量标准。采用标准物质开展检验工作还可以保证测定结果的可比性,达到量值的统一。

一 农药标准物质概述

(一)农药标准物质的定义和等级

1.标准物质

标准物质为已确定其一种或几种特性值,用于校准测量器具、评价测量方法或确定材料特性量值的物质。标准物质一般分为一级和二级两级。农药标准物质的纯度一般应达到99%以上。一级标准物质应定值到小数点后两位。工作标样为小数点后一位。工作标样的纯度可以低于99%,但定值要准确可靠,无干扰物。

1)一级标准物质

一级标准物质为采用绝对测量方法或其他准确、可靠的方法测量标准物质的特性量值,其测量准确度达到国内最高水平的有证标准物质。一级标准物质由国务院计量行政部门批准、颁布并授权生产。一级标准物质价格昂贵,一般不用于日常农药残留测定工作。

2)二级标准物质

二级标准物质为采用准确、可靠的方法或直接与一级标准物质相比较的方法测量标准物质的特性量值,测量准确度满足现场测量的需要并附有证书的标准物质。二级标准物质经国家有关业务主管部门批准并授权生产。二级标准物质是在日常分析检测中大量采用的一类标准物质。

2.有证标准物质

不论是一级标准物质还是二级标准物质均为有证标准物质。有证标准物质为附有证书的标准物质。有证标准物质一般成批制备,其特性值是通过对整批物质的样品进行测量而确定的,并具有规定的不确定度。目前,国家对标准物质的研制提出了明确的技术要求,如《标准物质研制(生产)机构通用要求》(JJF 1342—2022)、《标准物质定值的通用原则及统计学原理》(JJF 1343—2012)等。

3.农药标准物质的等级

农药标准物质还可细分为纯度标准物质和溶液标准物质。前者指确定了化学成分纯度的标准物质,后者由前者稀释而得。纯度标准物质昂贵,使用时要称量、稀释、定容。考虑到分析成本,农药残留分析工作经常使用溶液标准物质,包括混合溶液标准物质。溶液标准物质应来源于纯度标准物质。

农药纯品不同于农药标准物质,是农药标准物质的技术载体和前身。没有农药纯品就不会有农药标准物质。它仅有科技含量,却没有国家业务主管部门的授权和认可。农药纯品除不具有量值传递、质量检验功能外,是可以用在教学和科学研究工作中的。农药纯品若要成为农药标准物质必须按照国家有关业务主管部门的一套程序和管理办法进行制备、鉴定、定级和定值。

(二)农药标准物质的来源与合法性

我国国内能够提供农药标准物质(含溶液标准样品)或纯品的单位主要有国家标准物质资源共享平台和中国标准化协会。一部分农药纯品由农药研究机构、大学、农药公司、化学试剂公司提供给用户。国外营销农药标准物质的单位主要是化学试剂公司,如 Sigma-Aldrich 公司等。美国Chemservice 公司经销上千种农药和代谢物,以及用于美国环境保护局(EPA)各种标准分析方法的混合液。国际标准物质信息库提供世界各国农药一级标准物质的信息。农药公司在我国境内进行农药注册登记的农药残留试验所用纯品,通常由各公司提供。

（三）农药标准物质的标签

标签是农药一级标准物质、二级标准物质的合格证书，有证农药标准物质的标签格式和内容应符合国家有关规定。

（四）农药标准物质的包装和储藏

大批量的农药标准物质应该及时分装，分装后可避免二次污染。液体的样品可以采用安瓿分装。固体农药包装最好采用小体积的、带有合适内盖（通常有锡箔纸或聚四氟乙烯内衬）和螺纹外帽，开启后能重新盖好的小玻璃瓶。玻璃瓶的容量一般为 1 mL、2 mL、5 mL 和 10 mL。由于有些农药遇光分解，因此还应用棕色玻璃瓶或用避光纸包装。农药标准物质在储存和运输过程中应避免因光照或包装不严而与空气接触，一般储存于干燥器（最好充氮气）内，然后置于冰箱（−18 ℃）中。

有些农药纯品极易分解，有效期很短，如有机磷农药敌敌畏、氧乐果等，这类农药往往是现制备现用。稳定性好的农药即使过了有效期，也可以重新定值使用。而且这种定值通常只需要检测有效成分含量。应该说明的是大多数农药在经过高度纯化后，会比在原药及制剂形式下更为稳定。新农药的纯品稳定性通常要经过 2 年时间的考察。

（五）农药标准物质的使用及注意事项

农药标准物质即使在符合要求的储藏条件下，量值也是会发生变化的，因此要十分注意证书上的有效期。更换新批次的标准物质要进行比对试验，证明性能符合要求后才能投入使用。从暗处低温取出标准物质应先将其置于常温的干燥器中平衡，避免冷凝水对标准物质的影响。纯度标准物质称样量不宜少于 5 mg。易挥发的液体农药，可采用先称量稀释剂，后加入农药标准物质的称量法。要特别注意稀释剂或内标物对农药标准物质稳定性的影响。配制的储备液浓度一般应为 1 000 mg/L，从中间溶液到工作溶液要逐级稀释（1~2 数量级），浓度跨度不宜过大。工作溶液要当天现用现配，不宜连续使用。要防止稀释溶剂在定量容器或进样瓶中的挥发。使用后剩余的溶液标准物质不能随意弃掉，防止其污染样品或其他物品。

第三节　农药残留分析方法的可靠性

农药残留分析方法直接决定分析结果的真实程度。所以应尽可能采用国际或国家认可的标准方法,但在很多情况下,农药残留分析实验室使用非标准方法也可以保证方法的可靠性。无论何种方法,其可靠性一般有以下要素:灵敏度、准确度、精密度、专一性等。

一　灵敏度

分析方法的灵敏度是指该方法对单位浓度或单位质量的待测物质的变化所引起的响应量变化的程度,它可以用仪器的响应量或其他指示量与对应的待测物质的浓度或量之比来描述,因此常用标准曲线的斜率来度量灵敏度。灵敏度因实验条件而变。

在农药残留分析中,分析方法的灵敏度常用最小检出量或最低检测浓度表示。最小检出量指使检测系统产生 3 倍噪声信号所需待测物的质量,单位为 μg。最低检测浓度指用添加方法能检测出待测物在样品中的最低含量,单位为 $\mu g/kg$ 或 mg/kg、$\mu g/L$ 或 mg/L。

农药残留分析方法的灵敏度应该至少比该农药在指定的该作物上的最大残留限量低一个数量级。当样品中检测不出分析物质时,用"<LOD"表示,同时应指出分析方法的灵敏度。

二　准确度

准确度是指所获得的分析结果（单次测定值和重复测定值的均值）与假定的真值之间符合程度的度量。它是反映分析方法或测定系统存在的系统误差和随机误差两者的综合指标。准确度用绝对误差和相对误差表示。

评价准确度的方法大多数情况下是用添加回收率来表征的，即在样品中加入已知量的标准物质，测定其回收率，以确定准确度，多次回收试验还可发现分析方法的系统误差。这是目前常用而方便的方法，其计算式是：

$$回收率=\frac{加标试样测定值-空白试样测定值}{加标量}\times100\%$$

添加标准物质的量（加标量）应与待测样品中存在的分析物质浓度范围相接近，一般设高、中、低3个浓度梯度，最高浓度不应超过标准曲线的线性范围，最低浓度也可按最低检测浓度（LOQ）设定。每个浓度的样品重复数视要求而定，一般为3~12。加标和未加标试样分析期间必须相同处理以免出现试验偏差。

三 精密度

（一）概念

精密度是指用一特定的分析程序在受控条件下重复分析均一样品所得测定值的一致程度，它反映分析或测量系统所存在随即误差的大小。极差、平均偏差、相对平均偏差、标准偏差和相对标准偏差都可用来表示精密度大小，较常用的是相对标准偏差。

（二）术语

在讨论精密度时，经常要遇到以下一些术语。

1.平行性

平行性指在同一实验室中，当分析人员、分析设备和分析时间都相同时，用同一分析方法对同一样品进行双份或多份平行样测定结果之间的符合程度。

2.重复性

重复性指在同一实验室内，当分析人员、分析设备和分析时间3个因素中至少有1项不相同时，用同一分析方法对同一样品进行的2次或2次以上独立测定结果之间的符合程度。

3.再现性

再现性指在不同实验室(分析人员、分析设备,甚至分析时间都不相同),用同一分析方法对同一样品进行多次测定结果之间的符合程度。

(三)表示方法

农药残留分析方法精密度用相对标准偏差(RSD)表示,其表达式为:

$$RSD=\frac{标准偏差}{平均值}\times100\%$$

实验室间和实验室内分析方法的相对标准偏差范围如表7-2所示。

表7-2　农药残留分析方法的实验室间和实验室内相对标准偏差(RSD)

分析浓度	RSD（％）	
	实验室间	实验室内
10 mg/kg	11	7
1 mg/kg	16	11
100 μg/kg	23	15
10 μg/kg	32	21
1 μg/kg	45	30
0.1 μg/kg	64	43

(四) 专一性

农药残留分析方法的专一性指分析方法实际测定分析物质而不受杂质化合物干扰的能力。一般通过分析溶剂空白和样品基质空白来评价,以选择性系数来表征。选择性表示分析方法区别特性相近成分的能力,可表示为分析方法对样品中分析对象组分与其他组分(干扰杂质)灵敏度之比。

(五) 农药残留分析校准曲线

校准曲线是表达被分析物质不同浓度与测定仪器响应值之间的线性定量关系的曲线。农药残留分析的校准曲线通常以标准溶液的不同系列浓度(最少应有 5 个点)为横坐标,以所得到的响应值为纵坐标,连接各点得到相应的曲线,也称为标准曲线,线性方程式一般表达为 $y=\alpha x+b$,且标曲的相关系数达到"3 个 9"及以上。

第四节　农药残留分析结果的表达与数据处理

一　农药残留分析结果的记录和取舍

为了得到准确的测定结果,农药残留分析不仅要确切地反映测量的精确程度,而且分析人员要准确地记录和计算。记录的数字不仅表示数量的大小,而且还反映测量的精确程度。

例如在配制残留分析标准溶液时,用感量为 0.000 1 g 的分析天平称取某农药的质量为 0.518 0 g,它不仅表明该农药标准品的具体质量,也表示最后一位数字"0"是可疑的,即其实际质量在 0.518 0±0.000 1 g 范围内的某一数值,此时称量的绝对误差为±0.000 1 g,相对误差为:

$$\frac{\pm0.000\ 1}{0.518\ 0}\times100\%=\pm0.02\%$$

如果将称量结果写成 0.518 g,则该农药标准品的实际质量将为 0.518±0.001 g 范围内的某一数值,其绝对误差为±0.001 g,相当于感量为 0.001 g 的工业天平的精度,而其相对误差为:

$$\frac{\pm0.001}{0.518}\times100\%=\pm0.2\%$$

可见,记录时多写一位或少写一位数字,从数学角度看关系不大,而从分析化学角度看,记录所反映的测量精确度无形中被夸大了 9 倍或缩小为原来的 1/10。所以在数据中代表一定量的每一个数字都是重要的,这种数字称为有效数字。

确定需要用几位数字来表达测量或计算的结果非常重要。可能有人

认为在一个数值中小数点后面的位数越多,这个数字越准确,或在计算结果中,保留的位数越多,准确度越大,但这两种理解都是片面的。

二 真值和平均值

农药残留量测定中待测组分的实际含量是未知的,需要去测定它。严格地讲,由于仪器精度、测定方法、环境条件、操作程序及分析者的观察能力和技术水平等,农药残留量测定不能做到完美无缺,故真值是无法直接测得的。在实验科学中的所谓真值,是指根据误差定律,测定次数为无限多,在无系统误差情况下将各次测定值相加,加以平均时的平均值。但在实际工作中,对同一份样品测定的次数总是有限的,故用有限测定次数求得的平均值,只能是近似真值,或称为最佳值。这一最佳值称为平均值。常用的平均值有下列几种表示形式:

1.算术平均值

算术平均值是最常用的一种平均值,它是最可信赖的。如果以 X_1、$X_2, \cdots, X_n$ 代表各次的测定值,n 代表测定的次数,则算术平均值 M 为:

$$M = (X_1 + X_2 + \cdots + X_n)/n$$

2.中位值

中位值是指将一组测定值,按一定大小次序排列时的中间值。若测定次数为偶数,则中位值为正中两个值的平均值。中位值的最大优点是求算简单,而且与两端变化无关。中位值在统计学上属于一种次序统计,只有在测定值的分布为正态分布时,它才能代表一组测定值的中心趋向或最佳值。

一般农药残留分析上的平均值,符合正态分布类型,多以算术平均值和中位值表示。

三 异常数据的取舍

通常在一组测定数据中,分析人员容易觉察到个别数据偏离其余数值较远。如果保留这一数据,则对平均值及偶然误差都将引起较大影响。一般分析人员多倾向于凭主观判断,随意取舍这一数据,试图获得测定结果的一致性。因此,数据的取舍往往因人而异,缺乏统一的标准。对于怀疑为异常的数据,最好能分析出明确的原因,然后决定取舍,但有时候这种分析往往不容易做到,因此应根据统计学的异常数据处理原则来决定取舍。异常数据的取舍,可按 4σ 法、2.5σ 法、Q 检验法加以判断。

第八章

农产品质量安全管理

▶ 第一节　农产品质量安全管理现状

　　近年来,为了进一步提升我国农产品质量安全水平,我国政府构建了"从田间到餐桌"的全程监管格局,通过创新监管方式、转变监管理念、改革监管体制、提高保障农产品质量安全能力,确保广大人民群众"舌尖上的安全"。然而,农产品质量安全事件依然屡次发生。随着人们对农产品质量安全要求的日益提高,我国的农产品质量安全工作与人们的需求之间仍有一定的差距。依据我国农产品质量安全管理体系的构成特征,本节从农产品质量安全标准体系、认证管理系统、监管系统和物资供应链四个方面介绍我国农产品质量安全管理体系的现状。

一　我国农产品质量安全管理体系的现状

(一)农产品质量安全标准体系

　　农产品质量安全标准体系是指对农产品的类别、质量要求、包装、运输、贮运等做出技术规定,规范农业和经济发展,获得最佳效益,以促进农业技术进步,提升农业产业整体素质和农产品市场竞争力,实现保护人体健康、动植物安全和农业生态环境安全。

　　我国农产品质量安全标准经历了从无到有、从单项标准向标准体系过渡的发展历程,是与国际接轨的农产品质量标准体系,初步形成了以国家和行业标准为骨干、地方标准为基础、企业标准为补充的4级标准体系结构。现有农业标准体系覆盖了农业产地环境、投入品、生产规范、产品质量、安全限量、检测方法、包装标识、贮存运输等方面;农业国家标准、行业标准的范围已从原有农作物种子、种畜禽标准扩展到农产品生产、加工的全过程,包括农产品品种标准、生产加工标准、产品质量安全标准、包装储运标准等;标准的内容已从原来侧重种子标准和产品标准,延伸到关键技术以及加工、包装、贮藏、运输等各个环节。同时为了加强农产品质量安全管理,确保农产品质量,完善的法律体系保障不可缺少。目前,与农产品质量安全有关的法律、行政法规有:《农产品质量安全法》《中华人民共和国标准化法》《中华人民共和国环境保护法》《中华人民共和国水污染防治法》《中华人民共和国反不正当竞争法》《中华人民共和国消费者权益保护法》等综合性法律,还有《中华人民共和国农业法》《中华人民共和国种子法》《中华人民共和国进出境动植物检疫法》《中华人民共和国进出境动植物检疫法实施条例》《中华人民共和国动物防疫法》《中华人民共和国渔业法》《中华人民共和国草原法》《中华人民共和国兽药管理条例》《中华人民共和国农药管理条例》《中华人民共和国饲料和饲料添加剂管理条例》《中华人民共和国农业转基因生物安全管理条例》等法律或者行政法规。这些法律法规构成了我国现行的农产品质量法律法规体系,是我国农产品质量安全管理体系的重要支撑和法律保障。

(二)农产品质量安全认证管理系统

质量安全认证主要指认证机构确认某一产品或服务符合相关标准和相应技术要求,并颁发认证证书和认证标志的证明活动。中国现有农产品认证种类较多,按认证方式分主要有强制性认证和自愿性认证;按认证对象分主要有产品认证和体系认证;按认证区域分主要有全国性认证、行业认证和地方认证。我国农产品认证经过20多年的发展现已形成了以产品认证为主、体系认证为辅的发展格局。在产品认证方面,主要开展了绿色食品认证和有机食品认证;在体系认证方面,主要开展了危害分析与关键控制点(HACCP)体系认证、良好生产规范(GMP)认证、良好

农业规范(GAP)认证。此外,农业农村部还开展了包括农机产品质量认证及种子认证试点为主的投入品认证工作。

(三)农产品质量安全监管系统

农产品质量安全监管系统通过物理、事理和人理要素的交互作用,共同实现农业生产标准化,提高农产品流通效率,显示农产品质量对称信息,规范农产品市场秩序,整治农产品质量安全违法行为,最终有效保障农产品质量安全。

目前,我国主要由农业农村部、国家卫生健康委员会、国家市场监督管理总局、商务部、工业和信息化部、生态环境部和公安部等七个部门对农产品质量安全进行管理,各个部门依照相关法律、法规对农产品的生产、加工、流通过程进行监督和管理。其中农业农村部、国家卫生健康委员会和国家市场监督管理总局三个部门构成了农产品质量安全管理体系的核心。农业农村部组织开展农产品质量安全监测、追溯、风险评估,参与制定农产品质量安全地方标准并会同有关部门组织实施,指导农业检验检测体系建设,依法实施符合安全标准的农产品认证和监督管理;国家市场监督管理总局负责农产品生产加工的质量、安全、卫生等日常监督和管理,以及农产品生产加工企业营业执照、流通领域的质量安全监管工作,还负责药品零售的许可、检查、处罚,风险评估信息通报;国家卫生健康委员会负责农产品生产、加工、流通、消费领域的卫生许可证发放、日常监管及食品安全风险评估工作。各部门之间互相配合、相互支持,共同向国务院汇报工作。

(四)农产品质量安全物资供应链

农产品物资供应链包括农产品生产、采购、加工、批发及零售环节的所有主体,通过整合各环节优势资源,引进农产品生产管理技术,依靠全供应链协作,能够实现农产品质量安全信息共享,降低买卖双方信息不对称程度,"从田间到餐桌"保障农产品质量安全。农产品供应链管理是农产品与食品生产销售等组织为了降低食品和农产品物流成本、提高其质量安全和物流服务水平而进行的一体化运作模式。整个农产品供应链中各环节的参与者,通过供应链紧密结合,实现相互间的协调与合作,促进整个农产品供应链的运作效率和经济效益的提升。农产品供应链主要包括5个环节,即原料供应环节、生产环节、加工环节、交易流通环节和消费环节。通过物联网,企业可以实现对每一种农产品的实时监控,对交易物流体系进行管理,不仅可对农产品在供应链中的流通过程进行监督和信息共享,还可对农产品在供应链各个环节的信息进行分析和预测,及时采取补救措施或预警,提高农产品供应链管理水平,增强企业对市场的反应能力。最后,充分运用农产品物流信息网强化追溯、预警和信息发布,逐步建立起农产品质量安全综合管理信息平台。

二 我国农产品质量安全管理存在的问题

目前,我国农产品质量安全管理存在的问题,可以从生产经营者、政府监管者和消费者3个方面进行概述。

生产经营者方面:中国农业生产经营分散,小、散、乱的特点突出,产销之间没能形成固定的供求合作关系,产销无法充分对接,质量无法得到有力保证,责任无法有效追究。部分农产品经营者缺乏诚信,不按规定生产经营,只图经济利益,不顾消费者健康,影响农产品的质量和品质。因滥用、不合理使用农业投入品或不按照科学的操作规范和技术规程进行农产品生产,导致农产品质量安全事件时有发生。

政府监管者方面:目前中国的农产品质量安全工作涉及多个部门,同时农产品质量安全监管还是一个系统工程,它包括生产、加工、运输、销售、储藏等许多环节,这些都增加了农产品质量安全监管的难度。

消费者方面:部分消费者消费观念不科学导致部分生产者为迎合部分消费者,在农产品生产加工过程中添加不安全原料,为质量安全埋下隐患。同时部分消费者缺乏维权意识,这种情况导致违法成本降低,使得违法行为再次发生的可能性进一步加大。

三 提高我国农产品质量安全管理的对策

(一)进一步完善立法,强化执法

农产品质量安全管理包含标准制定、基地建设、农业投入品管理、产品检测、产品认证、人员培训等诸多方面,完善的法规体系是各项工作真正落到实处的重要保障。虽然中国现行的法律法规界定了相关部门的工作职能,但仍存在条块结合不紧密的问题,因此需要进一步加大农产品质量安全法律法规体系建设的工作力度,深入研究制定一系列配套措施,为制定标准、实施标准、市场监管、产品认证、产品检测等活动充分奠定法律依据。同时还应加强农业部门执法队伍建设,提高执法力度,完善执法手段,进一步强化农业部门对违法违规农产品的处罚管理权。

(二)加快理顺政府部门职能分工

农产品质量安全管理涉及农业、卫生、环保等多个部门,需要进一步明确各部门分工,否则容易出现管理盲区。当前应适应农产品生产、加工、运输、销售等的迫切需要,参照世界各国的通用规则,从中国农产品质量安全发展的内在需求出发,明确农业部门在初级农产品质量安全标准、检测、监督、认证及市场准入等方面的主导地位,从而使其管理职责更加清晰,真正实现对农产品质量安全的全程监管。

(三)推进农产品规模化和标准化生产

建立新型农业经营主体模式。与规模小、分散生产的家庭种植模式相比,现在新型的家庭农场为经营主体的模式,优点是生产规模较大、产业集聚度较高,对于标准化生产技术的推广能够有效、方便地起到带头作用。加强绿色优质农产品生产基地建设和标准化生产示范区,同时增加科技和环保技术投入,促进农业结构生产规模化。通过利用农业行业协会的职能,对农业生产按照统一规范的标准进行,把分散农户统一组织起来,有序、有效地对产品生产的全过程实施监管。

（四）强化农产品质量安全风险评估

农产品质量安全风险评估包括四大评估和两大评价。四大评估为专项评估、应急评估、验证评估、跟踪评估；两大评价为营养功能评价、质量安全若干机理机制研究。人们一方面通过风险评估摸清农产品质量安全现状，另一方面通过风险评估来探索农产品质量安全中未知的风险和隐患，做到心中有数、防患于未然。当前，中国的农产品质量安全风险评估还处于起步阶段，仍需逐步完善评估体系，进一步加大资金投入，强化专业人才队伍培养，多部门协作开展，才能使得风险评估有效地为政府监管、标准制定、指导生产、引导消费、科学研究、应急处置等服务，促进中国的农产品质量安全事业稳步发展。

（五）培养高素质人才，提高科技创新力

首先要通过开展实用的技术培训提高农户的生产技能，其次是通过鼓励龙头企业、规模化的农业合作社新型农业经营主体与高校和科研院所密切合作，共同培养专业生产、市场销售、监督管理等各方面的人才，不断提高新技术、高科技应用与管理运营的能力。重点应该培训基层监管人员，提高检测技术水平，引进国外先进检测技术，政府加强对检测设备的投资力度从而提高监管队伍的整体工作水平。政府应设立农产品质量专项资金，加强与高校、科研院所、企业等的协作，提升科技保障支撑能力。在产地环境保护方面，加强生产污染防控技术研究；在产品生产方面，加强无害农资的研发；在市场准入方面，加强检验检测设备的研发并完善风险评估的预警机制。

▶ 第二节 《中华人民共和国农产品质量安全法》

农产品质量安全是关系到国计民生的大问题。农产品质量安全与否关系到全国人民的身体是否健康，关系到国家、社会是否安定，更关系到

我国农产品是否具有强大的国际竞争力。农产品质量安全的重要性决定了一个国家应该给予其充分的重视,并建立起一套与国情相适宜,与社会共进步的农产品质量安全法律制度体系。

一 《农产品质量安全法》发展历程

现行的《农产品质量安全法》是2006年制定的,2018年,全国人大常委会进行农产品质量安全法执法检查时,指出《农产品质量安全法》实施中存在生产经营者的主体责任落实不到位、产地环境污染严重、农产品投入品使用不规范、各环节监管衔接不畅等问题。同时,《农产品质量安全法》已实施多年,有些条款存在不适应当前监管形势、操作性不强、实施难度大、处罚过轻、违法成本太低等问题,与修订后的《中华人民共和国食品安全法》(以下简称《食品安全法》)等法律法规还存在衔接上的问题。为此,全国人大常委会建议启动《农产品质量安全法》的修订工作。修订《农产品质量安全法》列入十三届全国人大常委会立法规划和2021年度立法工作计划。2021年10月,由国务院提请全国人大常委会第三十一次会议初次审议了《农产品质量安全法》修订草案。2022年6月,全国人大常委会第三十五次会议对修订草案进行了第二次审议。2022年9月2日,全国人大常委会第三十六次会议表决全票通过了修订后的《农产品质量安全法》。

二 《农产品质量安全法》主要框架内容

修订的《农产品质量安全法》共八章八十一条,比原法新增了二十五条,包括总则、农产品质量安全风险管理和标准制定、农产品产地、农产品生产、农产品销售、监督管理、法律责任、附则共八个部分。进一步明确了各级政府、有关部门和各类主体法律责任,优化完善农产品质量安全风险管理与标准制定,建立健全产地环境管控、承诺达标合格证、农产品追溯、责任约谈等管理制度,并加大了对违法行为的处罚力度。

　　"第一章　总则"主要对立法宗旨,对农产品的定义、农产品质量安全的内涵、调整范围、管理体制、经费投入、农产品质量安全风险评估、风险评估制度、信息发布制度、安全优质农产品生产、科研与推广、公众质量安全教育等内容做出了规定;"第二章　农产品质量安全风险管理和标准制定"主要对农产品质量安全风险监测和风险评估制度、农产品质量安全标准体系的建立,对农产品质量安全标准的制定、发布、实施的程序和要求等进行了规定;"第三章　农产品产地"主要对农产品产地安全管理、基地建设、产地要求、产地保护、防止投入品污染等内容做出了规定;"第四章　农产品生产"主要对生产技术规范和操作规程制定、投入品的生产许可与监督抽查、投入品安全使用制度、科研推广机构职责、农产品生产档案记录、农产品生产者自检、农产品行业协会自律等方面进行了规定;"第五章　农产品销售"主要对包装标识管理规定、保鲜剂等使用要求、进货检查验收制度、转基因标识、动植物检疫标识、农产品质量安全承诺达标合格证、农产品追溯管理、优质农产品质量标志等内容做出了规定;"第六章　监督管理"主要对禁止销售要求、监测计划与抽查、检验机构管理、复检与赔偿、批发市场和销售企业责任、社会监督、现场检查和行政强制、事故报告、责任追究、责任约谈、进口农产品质量安全要求进行了规定;"第七章　法律责任"主要对监管人员责任、监测机构责任、产地污染责任、投入品使用责任、生产记录违法处罚、包装标识违法行为处罚、保鲜剂等使用违法行为处罚、农产品销售违法行为处罚、冒用标志行为处罚、行政执法机关、刑事责任和民事责任等内容进行了规定;"第八章　附则"主要对粮食管理和实施日期进行了规定。

三）修订《农产品质量安全法》施行工作的衔接

（一）停止无公害农产品认证

　　修订的《农产品质量安全法》,不再规定"生产者可以申请使用无公害农产品标志",农业农村部正会同有关部门研究废止相关管理办法。各地农业管理部门需要按照新法精神和政策要求,稳妥做好有关工作。一

是自本通知印发之日起,停止无公害农产品认证受理(包括复查换证)。二是对目前已受理的申请,应于2022年12月31日前完成审查颁证工作。三是证书在有效期内的无公害农产品,可继续使用无公害农产品标志,证书到期后不再开展无公害农产品认证。

(二)停开农产品产地证明

按照国务院关于政策性文件清理工作的要求,2016年5月农业部已废止《关于印发〈农产品产地证明管理规定(试行)〉的通知》(农办市〔2008〕23号)。2022年8月,中共中央办公厅、国务院办公厅印发《关于规范村级组织工作事务、机制牌子和证明事项的意见》,明确不得要求村委会出具缺乏法律法规或国务院决定等依据的证明事项。各地农业管理部门要对本辖区内农产品产地证明开具情况进行全面排查,告知村委会和所有农业生产经营主体农产品产地证明制度已废止,承诺达标合格证不仅体现了对质量安全的要求,也提供生产主体和产地等可溯源信息,是替代农产品产地证明的新制度。要组织乡镇农产品质量安全监管员、村级协管员进村入户解读法规制度变化,提醒村委会不再开具农产品产地证明。

(三)加强承诺达标合格证工作指导

农业农村部正会同有关部门在抓紧制定农产品质量安全承诺达标合格证管理办法。在办法出台前,各地农业管理部门要继续按照试行方案,持续加大推进力度。一是督促农产品生产企业、农民专业合作社应开尽开,创造条件鼓励支持农户开具承诺达标合格证。二是对从事农产品收购的单位或个人,要开展针对性宣传,引导他们尽快熟悉法律规定。对其收购的农产品混装或者分装后销售的如何开具承诺达标合格证,相关办法正在研究。三是积极会同市场监管部门,推动农产品批发市场尽快建立、健全农产品承诺达标合格证查验等制度。四是对未按规定开具承诺达标合格证的,要加强批评教育、督促整改,引导其自觉守法。

四 实施修订《农产品质量安全法》的意义

修订《农产品质量安全法》是我国农产品质量安全领域的一件大事，为推动全面提升农产品质量安全治理能力、稳步提升绿色优质农产品供给能力，构建高水平监管、高质量发展新格局提供了有力的法治保障。

修订的《农产品质量安全法》，贯彻落实习近平总书记"四个最严""产出来""管出来"等指示要求，进一步完善了农产品质量安全监管制度，强化了法律责任和处罚力度，与《食品安全法》有机衔接，实现"从田头到餐桌"的全过程、全链条监管，对提升农产品质量安全治理水平，保障"舌尖上的安全"，满足人民对美好生活的需要，助推农业农村高质量发展具有重大而深远的意义。

▶ 第三节 《中华人民共和国食品安全法》

食品安全是当今世界各国面临的共同问题，各国都在逐步完善食品安全法律法规，加大监管力度，努力打造安全食品、绿色食品、放心食品。1993年美国民众大面积感染金黄色葡萄球菌，这种病菌通过猪肉感染人致病，致使900多人死亡，促使美国就此立法。1996年欧盟发生大规模的疯牛病，并传染给人类，造成重大食品安全事故，催生了欧盟制定食品安全法，1999年欧盟设立了食品安全局。1997年比利时发生"二噁英饲料"的鸡肉感染，对比利时食品行业造成毁灭性打击，故此催生了比利时立法。随着我国经济社会的发展与生活水平的不断提高，食品质量安全已受到人民群众越来越多的关注。当前，我国的食品质量安全工作取得了很大的成就，然而食品安全事件却仍有发生。

一 《食品安全法》修订历程

在食品安全领域出现的问题总是不断地促进着相关法律体系的完善,加强从食品生产、流通、餐饮服务等全过程的质量安全管理,加大对违法生产经营行为的处罚力度,加重监管部门不依法履行职责的法律责任,保证食品质量安全,更好地保障公众身体健康和生命安全,从而促使我国立法机关对涉及民生的食品安全问题尽快进行立法。1995年我国颁布的《中华人民共和国食品卫生法》(以下简称《食品卫生法》)在实践过程中发挥了一定的作用。为了进一步完善该法,2007年10月31日,国务院常务会议讨论并原则通过《食品安全法(草案)》,2007年12月26日,《食品安全法(草案)》首次提请第十届全国人大常委会第三十一次会议审议。2008年4月20日,立法机关"开门立法",全国人大常委会办公厅向社会全文公布《食品安全法(草案)》,广泛征求各方面意见和建议。2008年8月26日,《食品安全法(草案)》进入二审;2008年10月23日,《食品安全法(草案)》第三次提交全国人大常委会审议;2009年2月28日第十一届全国人民代表大会常务委员会第七次会议通过,2015年4月24日第十二届全国人民代表大会常务委员会第十四次会议修订,根据2018年12月29日第十三届全国人民代表大会常务委员会第七次会议第一次修正,根据2021年4月29日第十三届全国人民代表大会常务委员会第二十八次会议第二次修正。

二 《食品安全法》主要框架内容

现行版的《食品安全法》共十章一百五十四条,包括总则、食品安全风险监测和评估、食品安全标准、食品生产经营、食品检验、食品进出口、食品安全事故处置、监督管理、法律责任、附则十个部分。"第一章 总则"主要对立法宗旨、食品安全法的适用范围、食品安全工作管理制度、食品生产经营者职责、食品安全监督管理体制、职责分工、表彰奖励等方面做出了规定;"第二章 食品安全风险监测和评估"主要对监测制度、监测机构职责、风险监测计划调整、监测行为规范、监测结果通报、风险评估的适用情景、启动、具体操作、评估原则、评估相关费用、评估结果的价值、食品安全风险警示作用等方面做出了规定;"第三章 食品安全标准"主要对标准宗旨、统一食品国家标准、制定权限、制作考虑因素和意见、地方特色食品标准、企业标准、安全标准内容、标准的整合等方面做出了规定;"第四章 食品生产经营"主要对生产经营许可制度、符合要求和禁止生产相关产品、食品生产环节控制、食品流通环节控制、餐饮服务环节控制、食品生产企业查验记录制度、索证索票制度、台账制度、食品召回制度、企业食品安全管理制度、保健品等特殊食品监管制度等方面做出了规定;"第五章 食品检验"主要对检验人员、检验报告、食品检验机构法律责任、承担检验费用人员等方面做出了规定;"第六章 食品进出口"主要对进口食品相关产品标准、风险预警机制、进口商的责任、进口预包装食品标签等方面做出了规定;"第七章 食品安全事故处置"主要对及时处置食品安全事故的重要性、制定食品安全事故应急预案及食品安全事故应急处置、报告、通报制度、食品安全监督管理职责等方面做出了规定;"第八章 监督管理"主要对食品安全风险分级管理、年度监督管理计划的相关制度、食品安全监督检查的相应措施、食品安全监督管理责任、企业责任人被进行约谈的情况等做出了规定;"第九章 法律责任"主要对民事赔偿责任、各类涉及食品安全的违法行为的法律责任、失职负责和监管人员的处分等内容做出了规定;"第十章 附则"主要对食品、食品安全、预包装食品、食品添加剂、食品保质期、食品安全事故的含义、保健食品管理以及实施日期等内容做出了规定。

三 实施修订《食品安全法》的意义

一是有利于更好地保证食品安全,保障人民群众的身体健康和生命安全。修订的《食品安全法》,以建立严格的食品安全监管制度为重点,强化监管手段,提高执法能力,落实企业的主体责任,动员社会各界积极参

与,积极推进食品安全社会共治格局,解决当前食品安全领域存在的突出问题,以法治思维和法治方式维护食品安全,为严格的食品安全监管提供法律制度保障,对于依法进一步保证食品安全,保障人民群众身体健康和生命安全具有重要意义。

二是有利于推动食品行业的健康发展。近些年来,我国食品行业发展很快,产业结构不断优化,品种档次更加丰富,但食品行业整体的规模、水平还不是很高,规模化、集约化的生产方式在整个食品行业中所占比重不高,小作坊、小企业众多。修订的《食品安全法》,可以更加严格地规范食品生产经营行为,促使食品生产经营者依据法律、法规和食品安全标准从事生产经营活动,在食品生产经营活动中重质量、重服务、重信誉、重自律,对社会和公众负责,以良好的质量、可靠的信誉推动食品产业规模不断扩大,市场不断发展,从而更好地促进我国食品行业的发展。同时,通过修订《食品安全法》,可以树立我国重视和保障食品安全的良好国际形象,有利于更好地推动我国对外食品贸易的发展。

三是有利于进一步加强我国的食品安全监管能力建设。修订的《食品安全法》,在管理体制上,用法律形式固定监管体制改革成果,完善统一权威的食品安全监管机构,明确各部门的监管责任。同时,进一步强化各级政府的食品安全责任,明确将食品安全工作纳入本级国民经济和社会发展规划,将食品安全工作经费列入本级政府财政预算,实行食品安全监督管理责任制等。这些制度上的完善,有助于进一步强化食品安全监督管理能力建设,提高食品安全监管水平。

▶ 第四节　农产品质量安全追溯

一　食品追溯的起源和定义

（一）食品追溯的起源

疯牛病暴发是食品可追溯体系产生和发展的导火索。"可追溯"最初是由法国等部分欧盟国家在国际食品法典委员会生物技术食品政府间特别工作组会议上提出的。目的是一旦发现危害人类健康安全问题时，可按照从生产源头至最终消费各个环节所必须记载的信息，追踪流向，召回问题食品，切断源头，消除危害。可追溯是一种救济手段，是食品安全的最后一道防线。

（二）食品追溯的定义

国际食品法典委员会的定义："食品的可追溯性"是指通过登记的识别码，对商品或行为的历史和位置予以追踪的能力。

我国的定义：农产品质量安全追溯是指运用信息化的方式，跟踪记录生产经营责任主体、生产过程和产品流向等农产品质量安全信息，满足政府监管和公众查询的管理措施。

二　农产品追溯体系的功能

农产品追溯体系是指应用先进的互联网、物联网、自动识别、大数据存储、云传输等技术，由特定的设施设备对种植、收获、仓储、物流、销售、加工到餐桌的农产品单批次甚至是单个产品，进行全程信息编码，即生成只属于该产品的身份证，是对产品的质量安全追本溯源的现代技术体系或溯源系统。

在国家系列法律、法规、技术规范的监督实施下，农产品质量安全追

溯体系建设逐步加强,追溯系统的硬件、软件不断更新,农产品质量安全实现有效跟踪监管,检测的比重显著提高。对存在隐患的食品能及时发现、准确施法、严厉打击、曝光生产企业,在净化市场、保障消费者利益等方面积累了经验,打下了坚实基础。

三 我国农产品追溯技术体系发展历程

早在1995年全国人民代表大会通过的《食品卫生法》规定了在食品包装上标识相关信息,但尚未提及建立市场准入机制。进入21世纪以来,政府加大了食品质量安全追溯系统的立法。2009年全国人民代表大会通过的《食品安全法》进一步明确了食品生产商的追溯义务,规定了生产商家必须建立食品进货销售档案,这部法规是我国真正意义上的第一部食品安全法。2011年国家发展改革委员会、工业和信息化部在《食品工业"十二五"发展规划》中提出了"十二五"时期将推进食品安全可追溯体系建设,促进物联网技术的示范应用,进一步加强生产企业的信息化服务体系,规定乳粉、肉类、蔬菜等将首先推进电子追溯。近几年的中央一号文件连续对追溯体系建设做出重要部署:2014年中央一号文件的突出亮点之一便是"建立最严格的覆盖全过程的食品安全监管制度"。文件强调要完善法律法规和标准体系,落实地方政府属地管理和生产经营主体责任,支持标准化生产、重点产品风险监测预警、食品追溯体系建设;相关要求在2015年的中央一号文件中得以再补充和细化,其中建立全程可追溯、互联共享的农产品质量和食品安全信息平台被提上日程;2022年2月22日首次把"完善农产品全产业链质量安全追溯体系""健全农产品全产业链监测预警体系"写进中央一号文件,促进农产品质量安全追溯体系在保障食品安全、促进产销对接、推动城乡互动、推进乡村振兴和助力社会治理等多方面发挥重要作用。

国务院办公厅2015年出台的《关于加快推进重要产品追溯体系建设的意见》规定了流通环节中食用农产品、食品、药品经营企业执行追溯制度的操作性要求。2016年国家食品药品监督管理总局印发的《关于推动食品药品生产经营者完善追溯体系的意见》、2019年国家认证认可监督管理委员会发布的《RB/T 011—2019食品生产企业可追溯体系建立和实施技术规范》，规定了食品生产企业可追溯体系的建立、实施和测试要求，用于指导食品生产企业可追溯体系的建立、实施及食品生产企业可追溯体系的评价。

（四）我国的农产品质量安全追溯体系现状

近年来，农业农村部加快推进农产品质量安全追溯体系建设。截至2020年11月，已建成1个国家农产品追溯平台，28个省级追溯平台，785个市县两级追溯平台，生产经营主体注册量总计30多万家。我国农产品质量追溯体系由国家平台和地方平台共同构成。国家追溯平台主要负责采集主体信息产品批次信息和流向信息（外部追溯），拥有追溯链条长、跟踪流向、引领地方平台发展的突出优势，省级平台负责采集生产过程信息（内部追溯），二者有机结合，互为补充，共同促进了我国可追溯体系的发展。

"十三五"期间，我国农产品追溯体系建设取得了重要进展：一是国家农产品质量安全追溯管理信息平台建设和推广应用取得明显成效，优质安全规模化供应能力初步形成。二是配套的规章制度不断完善。目前已出台6项配套制度，11项标准追溯技术标准。三是各地追溯模式在不断创新。有些地方积极探索"合格证+追溯码"模式，将合格证打印与追溯平台数据库有效链接，"一码通用"，服务群众。追溯还在向信用管理、项目挂钩、数字农业、金融保险等领域延伸，动力机制在不断完善。

但是，农产品质量安全追溯体系在实践层面中也存在一些问题：一是我国在农产品从生产到消费的各个阶段都是规定不同的部分监管，而分段监管就带来了许多的不便。分段管理的主要问题是在于不能够联动协作和不能够对问题直接追溯，并且设计的追溯信息局限在各个环节，不能够很好地对接，无法真正意义上实现全程追溯。二是企业缺乏诚信也直接导致了农产品追溯信任度低，不能在实际中真正做到质量追溯，企业缺乏诚信基础，造成消费者不能够信任企业。很多消费者认为这只

是企业的一种营销手段,因此对于价格较高的可追溯产品消费者并不买单,进而食品安全可追溯体系很难进一步地实施。

五　完善我国农产品追溯监管体系建设对策

(一)制定完善的法律法规

首先,尽快制定完善的安全追溯法律法规。我国相关部门应该制定相关的管理方法和管理标准,并根据具体市场需要持续改进。其次,在整个追溯过程中,安全追溯体系还要与食品药品监督管理局的部门相互配合,保证信息的准确性,互相协作,加快推进农产品质量安全可靠性制度的建设,依法依规、加大力度,跟上法律制度的步伐,确保农产品质量安全追溯信息具有可靠性。

(二)提升生产者的参与动力

生产者是生产农产品的主体,应当促进生产者加入建立和维护农产品质量追溯体系这一过程之中。当地政府可以通过推进相关的法规制度和优惠政策对积极响应国家号召的生产者提供一些必要的资源和帮助,提高生产者的积极性,确保追溯系统的可持续运行。

(三)从科学的角度制定追溯技术标准

首先,我国追溯技术发展时间较短,可以借鉴国外的相关经验,分析国外制度建设的实例,结合我国市场的需求,建立科学的追溯技术。其次,所有的追溯点都要遵循严格的标准。将产品质量安全追溯模式统一化,每个地区都要按照模型运行,科学制定管理标准和数据信息标准。

(四)强化推广安全追溯管理平台并合理应用

第一,将相关工作人员外派参与培训。要组织推广人员和技术人员到农业较发达地区开展业务培训、参观学习、经验交流等,增长知识、丰富经验,拓宽视野和思路。第二,将专业人士请来向农产品生产者开展教育工作,提高生产者对于追溯体系的重视度。第三,各地方的政府和相关的行政部门要负责向大众进行宣传管理。